Moriz Heyne

Kleine altsächsische und altniederfränkische Grammatik

Moriz Heyne

Kleine altsächsische und altniederfränkische Grammatik

ISBN/EAN: 9783743483477

Hergestellt in Europa, USA, Kanada, Australien, Japan

Cover: Foto ©ninafisch / pixelio.de

Manufactured and distributed by brebook publishing software
(www.brebook.com)

Moriz Heyne

Kleine altsächsische und altniederfränkische Grammatik

Kleine

altsächsische und altniederfränkische

Grammatik

von

Moritz Heyne.

Paderborn.

Druck und Verlag von Ferdinand Schöningh.

1873.

Vorwort.

Die nachfolgende kleine Grammatik schlieszt sich nach Anlage und Ausführung der zum Ulfilas beigegebenen gothischen Grammatik im allgemeinen eng an. In erster Linie für das Verständnis des Heliand berechnet, empfahl es sich doch, in ihr auch die andern sächsischen und niederfränkischen Denkmäler zur Besprechung heranzuziehen und nach Laut und Form darzulegen. Die am Schlusse beigegebenen syntactischen Bemerkungen wollen in keiner Weise erschöpfen, vielmehr nur den Lernenden zu weiterem Sammeln anregen.

Basel, 28. April 1873.

Inhalt.

	Seite
Einleitung	1

1. Abschnitt. Lautlehre.

Vocale. Allgemeines	3
Altsächsische Vocale	6
Altniederfränkische Vocale	14
Consonanten. Allgemeines	19
Altsächsische Consonanten	21
Altniederfränkische Consonanten	28

2. Abschnitt. Formenlehre.

Conjugation. Allgemeines	35
Reduplizierende Verben	36
Ablautende Verben	39
Formenbildung in den Psalmen	50
Die schwachen Verba	52
Das schwache Verbum in den Psalmen	59
Präterito-präsentia	62
Verben ohne präsentiale Stammbildung, u. a.	65
Declination. Allgemeines	68
Declination der Substantive	69
Das Adjectiv	84
Declination der Participia und des Infinitivs	92
Das Zahlwort	93
Pronomina	96
Adverbia	104
Präpositionen	106
Conjunctionen	107
Interjectionen	108

3. Abschnitt. Bemerkungen zur Syntax.

Verbum	110
Substantiv	113
Adjectiv	114
Pronomen	116
Negation	118

Einleitung.

Von den vier altniederdeutschen Dialecten, dem altsächsischen, altniederfränkischen, altfriesischen und angelsächsischen,
die uns durch Denkmäler des achten bis zehnten Jahrhunderts
(was den friesischen betrifft durch spätere) bekannt sind, wählen
wir für unsere Darstellung die beiden ersteren; den altsächsischen, im Gebiete der alten Landschaften Westfalen, En-
gern und Ostfalen, sowie im transalbingischen Lande auf der
cimbrischen Halbinsel lebend, im Osten von dem slavischen
Sprachgebiete begrenzt, wo als südöstlichster Grenzpunkt im
10. Jahrhundert Merseburg angegeben wird,[1] südlich aber an
die hochdeutschen Stämme der Düringe, Hessen und Rhein-
franken stoszend; und den altniederfränkischen Dialect,
der von den nördlichen Gliedern der groszen unter dem Namen
Franken zusammengefaszten Stämmeverbindung gesprochen ward,
und östlich an das westfälische des sächsischen Dialects, südlich an das mittelfränkische grenzend, sich etwa von der Einmün-
dung der Erft in den Rhein (bei Neusz) diesen Flusz an beiden
Ufern abwärts bis ans Meer, sowie westlich durch Brabant
und Flandern erstreckte.

Die Zusammenfassung beider Dialecte zu einer gemein-
samen Besprechung darf nicht so gedeutet werden, als ob
dieselben in besonders hervorstechender Weise gegenüber den
beiden andern gemeinsame Eigenheiten hätten, und so ihre
Zusammenstellung herausforderten; sondern sie geschieht, weil
von den wenigen Denkmälern beider Dialecte das umfänglichste
in dem einen wie in dem andern Dialecte enthalten ist, und
die gegenwärtige Arbeit namentlich das Verständnis dieses
Denkmals fördern helfen will.

---

[1] Liudprandi Antapodosis II, 28: Rex (Heinricus) his similia
dicere cuperat, cum volipes nuntius Hungarios in Meresburg, quod est
in Saxonum, Turingiorum et Sclavorum confinio castrum, esse nuntiabat.

§ 2.

Ueber die mundartlichen Besonderheiten innerhalb der beiden Dialecte haben wir nur spärliche Kunde. Von den altsächsischen Denkmälern läszt sich nur eins, eine kleine Glossensammlung unter dem Namen der Merseburger Glossen, als in Ostfalen, im Gau Norddüringen entstanden, nachweisen; [1]) die übrigen, soweit sie örtlich bestimmbar sind, gehören Westfalen, und zwar dem engen Bezirk von Münster und Essen an. Die Sprachverschiedenheit zwischen dem ersteren und den letzteren ist nicht erheblich.

Bedeutender erscheint sie unter den uns erhaltenen altniederfränkischen Denkmälern. Von ihnen ist eine nur in Bruchstücken erhaltene Interlinearversion der Psalmen, aus deren jetzt verschollener Handschrift im 16. Jahrhundert eine Wörtersammlung, die sog. Lipsiusschen Glossen, geschöpft wurde, nicht zuweit von der Grenze des mittelfränkischen Sprachgebietes, vielleicht in der Aachener Gegend, geschrieben; die Sprache dieses Denkmals tritt vielfach weiter vom Altsächsischen zurück, näher ans Mittelfränkische heran. Dagegen ist das umfänglichste altniederfränkische Sprachdenkmal, die eine (sog. Cottonische) Handschrift des Heliand, eine Uebersetzung des altsächsischen uns in einer zweiten (der Münchner) Handschrift erhaltenen Originals, sowie der unbedeutende Rest eines Psalmencommentars im Kloster Werden an der Ruhr entstanden, an einem Orte, der sich selbst noch nicht zu Sachsen rechnete, [2]) aber hart an der sächsischen Grenze lag. So zeigen denn auch diese Denkmäler einen Uebergangsdialect, der neben den Eigentümlichkeiten des Niederfränkischen doch auch vieles vom Altsächsischen angenommen hat. [3])

---

[1]) Kleinere altniederdeutsche Denkmäler S. XIII fgg.
[2]) Vita S. Liudgeri 3, 9. 13, bei Pertz mon. 2, S. 416. 417.
[3]) Nach den Ausführungen Weinholds in den Sitzungsberichten der Wiener Academie, phil.-histor. Classe, 71. Band, S. 767—806 sind auch die unter dem Titel Altdeutsche Gespräche bekannten Bruchstücke eines deutsch-lateinischen Gesprächbüchleins ursprünglich altniederfränkisch, und an der Grenze des französischen Sprachgebietes entstanden. Diese Fragmente können für die nachfolgende Grammatik nur ausnahmsweise benutzt werden. — Die Glossen der Lex Salica musten trotz der bahnbrechenden Arbeit Kerns (die Glossen in der Lex Salica und die Sprache der Salischen Franken. Haag 1869), als für den beabsichtigten Zweck weiter abliegend, unberücksichtigt bleiben.

Erster Abschnitt.

Lautlehre.

---

§ 3.

Vocale. — Allgemeines.

Der ursprüngliche Vocalbestand aller germanischen Sprachen setzte sich zusammen aus den drei Kürzen *a*, *i* und *u*, den diesen entsprechenden Längen *á*, *í*, *ú*, und aus zwei Diphthongen, die entstanden, indem *a* mit den Kürzen *i* und *u* zu neuen Lautganzen eng verschmolz: *ai* und *au*.

Die Reinheit dieser einfachen Vocalverhältnisse ist indes in keinem Dialecte mehr ganz erhalten. Sie ist getrübt, indem sich die Kürze *a* in vielen Wörtern durch Verdünnung zu *i*, oder durch Verdumpfung, die nach gewissen Gesetzen, namentlich vor Nasalen *m* und *n* und vor Liquiden *r* und *l* eintritt, zu *u* wandelt; indem von den Längen gewöhnlich nur *í* sich erhält, seltener *ú*, das in den meisten Fällen mit einem Vorschlage von *i* gesprochen und demgemäsz durch die Schreibung *iu* ausgedrückt wird, ursprüngliches *á* dagegen entweder zu *ó* dunkelt, oder sogar zu *ú*, dem ein kurzes *o* leise nachklingt *(uo)*, das erstere ist im altsächsischen, das letztere im altniederfränkischen der Fall; indem endlich die beiden Diphthonge in verschiedenen Dialecten auf mannigfache Weise sich ändern. Für das altsächsische ist die Zusammenziehung von ursprünglichem *ai* zu *é* und ursprünglichem *au* zu *ó* ein ausnahmsloses Gesetz, das auch noch in den altniederfränkischen Werdener Denkmälern waltet, während die westlichen dieses Dialects diese Zusammenziehungen seltener, die Diphthonge vielmehr öfter in der Form *ei* und *ou* zeigen. Zu diesem alten Vocalbestande sind in der jüngern Zeit des germanischen Sprachlebens, aber jedenfalls vor der Trennung des germanischen in einzelne Dialecte, zwei lange Vocale getreten, die sich ergeben haben aus kurzen, wenn dahinter ein

Consonant, oder auch mehrere Laute, von denen einer ein Consonant, wegfiel. In dieser Weise entstand aus *a á*, aus *u û*; und zwar *á* meist in ganzen geschlossenen Reihen von Wörtern, durch Zusammenziehung alter Reduplication in Präteritalformen von Verben (so altsächs. *námun* sie nahmen aus früherem *nanamun, nanmun, gábun* sie gaben aus *gagabun, gagbun,* u. andere), oder in Intensivbegriffen (so *mári* berühmt, eigentlich sehr gekannt, aus älterem *mamari, mamri* von der Wurzel *mar* sich erinnern, gedenken, *spáhi* vorsichtig, weise, eigentlich sich scharf umsehend, scharf blickend, aus *spapahi, spaphi,* vergl. ahd. *spëhón explorare, inquirere* u. andere); oder durch Wegfall eines Nasals (wie *rádan* raten, helfen auf älteres *randan, grátan* weinen auf älteres *grantan* weist, und wie das *fáhan* fangen des altsächsischen und des Werdener altniederfränkischen gegen das *fangan* des westlichen steht); *û* dagegen in seltenern und vereinzelten Fällen *(thûsundig,* littauisch *tûkstantis; tûn* Zaun aus *tuhn,* von der Wurzel *tuh* ziehen, eigentlich der gezogene, u. a.); manche Wörter, die inneres *u* zeigen, sind etymologisch noch unerklärt, so dasz die Natur desselben, ob alte Länge oder jüngere Ersatzdehnung, bis jetzt nicht erkannt ist. Die Ersatzdehnung *á* hat in einigen wenigen Fällen, aber sowol im Altsächsischen als im Altniederfränkischen, sich in den hellern Laut *ê* gewandelt (§§ 5, 9.).

Es gliedert sich also in beiden Dialecten der Vocalismus wie folgt:

Kürzen:	*a.*	*i.*	*u.*
	(geschwächt *i, u*).		
Längen:	alts. *ô,*	*î.*	*û, iu.*
	altnfr. *uo.*		
Diphthonge:	—	altnfr. *ei, ê,*	altnfr. *ou, ô,*
		alts. *ê.*	alts. *ô.*
Ersatzlängen:	*á (ê).*	—	*û.*

§ 4.

Dieser Vocalbestand wird nun auf mehrfache Weise, teils durch consonantische, teils durch vocalische Einflüsse, teils endlich durch Schwächung in Folge eintretender Tonlosigkeit alteriert. Consonantischer Einflusz äuszert sich durch Spaltung eines kurzen Vocals in zwei Laute, durch Schaffung also eines Diphthongen, der sich aber von den eigentlichen Diphthongen vor Allem andern dadurch unterscheidet, dasz er im Zeitmasze einer Kürze ausgesprochen wird; ein Vorgang der, von J. Grimm Brechung genannt, sich in den von uns behandelten Dialecten nur spurweise aufzeigen läszt.

Weiter reichend ist der Einflusz, den ein Vocal der folgenden Silbe auf den der vorhergehenden ausübt; jener Einflusz,
den man nach Grimms Vorgange Umlaut zu nennen sich
gewöhnt hat. Alle germanischen Dialecte, mit Ausnahme des
gothischen, zeigen ihn in verschiedenem Masze. Für das altsächsische und altniederfränkische sind Veranlasser des Umlauts die Kürzen *a* und *i* und ihre Längen; diese Laute ver-
ändern den Vocal der vorhergehenden Silbe zu einem ihnen
näher liegenden Zwischenlaute. Aus *a* unter Einflusz eines in
zweiter Silbe folgenden *i* wird ein helles, diesem zugeneigtes *e*,
aus *i* unter Einflusz eines folgenden *a* ein tief gesprochenes,
für grammatische Zwecke gewöhnlich mit zwei Punkten über-
setztes *e (ë)*; ebenso aus *u ü* (in den Handschriften verschieden, durch *io, ui*, oder auch *i* widergegeben), wenn in zweiter
Silbe *i* folgt, aus *u o* und aus *iu io*, wenn die nächste Silbe
a zeigt. Auf soviel ist der Umlaut in den von uns hier behandelten Dialecten eingeschränkt, während er in dem übrigen
altniederdeutschen Sprachgebiete weiter reicht. Die Ursache
des Umlauts ist entweder offen zu Tage liegend, oder sie ist
in Folge von Assimilation, Vocaländerung, Schwächung oder
Wegfall nicht mehr ohne Weiteres erkennbar (unten §§ 8, 12.).
Rückumlaut, d. h. die Rückkehr eines umgelauteten Vocales
zu seiner ursprünglichen Lautgeltung in Folge Wegfall des
umlautenden Vocals, tritt im altsächs. und altniederfr. mehrfach hervor, namentlich in Conjugation wie Wortbildung
(§§ 8. 12. 22).

Schwächung der Bildungs- und Flexionsvocale, eine Folge
des in den germanischen Sprachen auf der Stammsilbe fest-
gehefteten Accents und des dadurch hervorgerufenen leichteren
Hingleitens im Ton über andere Silben eines Wortes, wird bereits
im gothischen in ausgebreitetem Masze angetroffen, hat aber
im altsächsischen und noch mehr im altniederfränkischen einen
viel höheren Grad erreicht, so dasz diese Schwächung öfter nicht
nur, was schon teilweise im gothischen der Fall war, in völlige
Ab- und Ausstoszung der Ableitungsvocale, sondern sogar in
das Fallenlassen ganzer Ableitungssilben verläuft. Wenn schon
im gothischen für älteres *vulfas* Wolf *vulfs* steht, *handus* Hand
sich aber in alter Form hält, so hat das alts. altnfr. für beide
wulf, hand angenommen; goth. *sunus* Sohn, alts. *sunu* und
suno, wird im westlichen niederfränkisch zu *sun;* goth. *heila-
gamma* dem heiligen, altsächs. *hêligumu* ist altnfr. nur *hêligun,
heiligin;* goth. *nasidêdi* er rettete (Optativ) alts. *neridi* u. a.;
vollere und in solcher Weise verstümmelte Formen gehen neben
einander: *mârida* Ruhm und *mârda; diurida* Ehre und *diurda,*
u. a. — Abgesehen von diesem äuszersten Verlaufe der Schwächung

vollzieht sich dieselbe so, dasz nach und nach Diphthongen und Längen in Flexions- und Bildungssilben zu Kürzen herabsinken (goth. *blindaizôs* der blinden, gen. sg. fem., alts. *blindaro*, goth. *blindai*, blinde, nom. plur. masc., alts. *blinda*, *blinde* u. a.), und dasz Kürzen, *a* vielfach durch *u* und *o* hindurch, zu einem nur mit halbem Tone ausgesprochenen, daher tonlos genannten *e* sich mindern. In diesem Stadium der Schwächung befindet sich das altsächsische weniger, das altniederfränkische, vorzüglich das westliche mehr; und da dieselbe nur das Ergebnis einer langsam um sich greifenden Neigung ist, so dasz oft an einem und demselben Worte desselben Denkmals bald eine vollere, bald eine abgeschwächtere Form erscheint, so sind Spezialgesetze ihres Eintretens hier weiter nicht zu geben (vergl. §§ 5. 9.).

§ 5.

Altsächsische Vocale.

A-Reihe *(a, i, u; ô, â)*.

Kurzes *a* in Stammsilben ist vielfach beeinträchtigt, einmal durch seine Verdünnung zu *i*, die sich häufig findet, namentlich in präsentialen Formen ablautender Verben, deren Wurzel *a* enthält: *drinku* ich trinke, *drinkan* trinken, Wurzel *drank; gibu* ich gebe, Wz. *gab;* und in Nominalbildungen, die auf Wurzeln mit *a* zurückgehen: *giba* Gabe; *biril* Träger, Korb, Wurz. *bar;* dann durch Verdumpfung zu *u*, die gern (§ 3) vor Nasalen und Liquiden eintritt, und in präteritalen Formen ablautender Verben (§ 18), sowie ebenfalls in Nominalbildungen statt hat; endlich durch Umlaut in *e*, der durch ein in folgender Silbe stehendes oder gestandenes *i* gewirkt wird, wie die Schwächungen *i* und *u* gleicherweise durch ein folgendes *a* zu *ë* und *o* umgelautet werden (§ 8). In Flexions- und Bildungssilben ist *a* auszer den eben genannten Schwächungen auch dem Herabsinken zu tonlosem *e* unterworfen, und zwar gemäsz dem § 4 bemerkten seltener in den ältern, häufiger in den jüngern Denkmälern: für älteres *widar contra* steht *wider,* für *minan meum minen,* für *nerida servavit neride.* Dagegen findet sich ein *a* in der Endung des gen. sg. masc. und neutr. der vocalischen *a*-Declination noch teilweise erhalten (teilweise auch zu *e* geschwächt), wo selbst das viel frühere gothische die Schwächung *i* hat, gegenüber gothischem *allis omnis* zeigt sich hier noch *allas* neben *alles,* und häufiger sind Genitive wie *yodas* Gottes, *wihas* des Tempels, *honigas* des Honigs, *gimalanas* gemahlenes u. a. Die Schwächung des *a* zu *u* in Endsilben hat sich, gegen das gothische gehalten, bedeutend weiter verbreitet und namentlich auch die Declination ergriffen, wo in den Flexionsendungen einstiges *a* vor *m* und *n* zunächst regelmäszig in *u*, und durch weiter Schwächung in *o*, endlich in tonloses *e* übergegangen ist; das goth. *fiskam* den Fischen ist hier erst *fiskun*, dann auch *fiskon*, *fisken*, goth. *guman* den Mann *gumon*, goth. *allamma* allem *allumu*, *allum* geworden. In der Conjugation erklärt sich beispielsweise *drinku* ich trinke gegen goth. *drigka* durch die Nachwirkung eines hier abgefallenen, in einer Classe der schwachen Conjugation aber noch erhaltenen Personalsuffixes -*m*, später -*n*. Auch die Schwächung des *a* zu *i* in Endsilben hat gegenüber den gothischen und manchen althochdeutschen Denkmälern Fortschritte gemacht, namentlich entwickelt die Ableitungssilbe -*ag* an Substantiven und Adjectiven schon öfter die Nebenform -*ig*: für goth. *manags*, althochd. *manag* viel steht hier neben *manag* auch schon *manig*, wie neben *kraftag* kräftig auch *kraftig*, neben *môdag* zornig auch *môdig*, *honig* Honig führt, wie schon der Umlaut lehrt, auf ein älteres *honag* aus *hunag* zurück.

Die Länge *ô*, die in einer gröszeren Anzahl von Wörtern erscheint, teils in Stammsilben: *hrôm* Ruhm, *stôl* Stuhl, *brôðar* Bruder, *farflôkan* verfluchen, *fôr* ich fuhr, zog, teils in Endsilben: *dagôs* Tage, *gibonô* der Gaben, *tideô* der Zeiten, *linôn* lernen, *oponôda* öffnete, wird in den Handschriften von *ô*, der Zusammenziehung des Diphthongen *au*, nicht unterschieden. Dasz wir aber gleichwol zwei nicht nur dem Ursprunge, sondern auch der Aussprache nach verschiedene Laute vor uns haben, ergibt der Umstand, dasz für *ô*, die Länge des *a*, der altsächsische Codex des Heliand (der Monacensis) nach althochdeutscher und altniederfränkischer Weise vereinzelt *uo* gewährt *(afsuobun* 206, *duomdag* 4355, *asluogin* 4473, *kuningduom* 5211*)* und ein kleineres Denkmal, die Essener Beichte, in gleicher Lage *ô* schreibt *(gisônan, dôn)*, während *ô*, die Zusammenziehung von *au*, mit *â* wechselt: für *bôg* Ring steht im Heliand Mon. *bâg* 2739, wie für *lôgniad* *lâgniad* er leugnet 1341, die Freckenhorster Heberolle hat *themo âsteron hûs* 11 für *ôsteron*, *hârad* gehören 123 für *hôrad*, u. a. Die Aussprache des letzteren *ô* war mithin eine helle, einem tiefen *â* verwante, während das erstere *ô* nach *u* hinneigte.

Die Ersatzlänge wird gewöhnlich durch *â* bezeichnet: *dâd* Tat, *lâtan* lassen, *slâpan* schlafen, *wârun* waren; doch erscheint auch, wiewol seltener, nach gothischer Weise die Schreibung *ê* dafür, zunächst durchgehend in *gêr* Jahr, goth.

jér, dann vereinzelt in *andrédan* fürchten Heliand Mon. 3496
für *andrâdan, wég* Flut 2945, *wépanbërand* Waffenträger
2780, *mêriarô* berühmter (gen. plur.) 3160, *farlêtid* verläszt
3323, *landmégun* Landleuten 3815, *giwédi* Gewand 4102; in
kleineren Denkmälern: *bédi* er bäte, *géfi* er gäbe, Bedas
Homilie 2 und 3, *ilêtene permissa* Merseb. Glossen 19.

§ 6.

I-Reihe (i, î, ê).

Das ursprüngliche *i* ist von dem aus *a* geschwächten
nicht der Aussprache nach, wol aber zum Teil nach seinem
Verhältnis zu andern Lauten verschieden, indem es namentlich
gegen den Umlaut durch ein *a* der zweiten Silbe sich spröde
verhält (§ 8); auslautend zeigt es sich in Pronominalformen
zu *e* abgeschwächt: *he* neben *hi* er; *ge* neben *gi* ihr; *me* und
mi mir, mich, *the* und *thi* dir, dich; ebenso in der Präposition
be und *bi* bei. In Endsilben hat es sich gewöhnlich un-
geschwächt bewahrt, nur wenn in Conjugationsendungen *a* unmittelbar darauf folgt, besteht die Neigung, in *e* überzugehen:
seggian und *seggean* sagen, *libbian* neben *libbean* leben, *libbea*
er lebe, *libbiandi* und *libbeandi* lebend. Seine Länge *î*, wie
die Kürze häufig in Stammsilben am Verbum und Nomen anzutreffen, erscheint auch in Endsilben vielfach in alter Form,
z. B. in *gesti* Gäste, *huldi* Huld, *menegi* Menge; in andern
Fällen ist die Länge zweifelhaft, wie in *mahtig* mächtig, goth.
mahteigs, sâlig selig, althd. *sâlig,* wo dieses *ig* sich mit dem
aus *a* geschwächten berührt (§ 5), ferner in *girstin* von Gerste,
ruggin von Roggen, (ahd. *girstin,* mhd. *rüggin, roggin*), wo
für die erfolgte Kürzung des Ableitungsvocals der Umstand
spricht, dasz sich auch die Nebenform *girsten* findet; und in
präteritalen Optativformen, wie *hulpis* du hülfest, *hulpin* sie
hülfen, gegenüber ahd. *hulfis hulfîn,* wo für das Haften der
Länge kein Zeugnis beigebracht werden kann.

Der Diphthong dieser Reihe, goth. *ai* ist hier zu *ê* zusammen gezogen (*dêl* Teil, goth. *dails; éo* je, goth. *aiv; skêdan*
scheiden, goth. *skaidan; léba* Ueberbleibsel, goth. *laibôs; égan*
haben, goth. *aigan).* Selten erscheint dafür *æ* oder *á, æ* in
æschiad sie heischen der Merseburger Glossen, *á* im Taufgelübde: *in hâlogan gâst* an den heiligen Geist; *ie* für *ê* nur
in Lehnworte *kiesur* Kaiser (Bed. 2) neben sonstigem *kêsur;*
für eine helle Aussprache (§ 10) zeugt das ganz vereinzelte
siola für *séola* Seele Hel. Mon. 3302. 3354.

§ 7.

U-Reihe (u, iu, ô; û).

Die Kürze *u*, in Stammsilben häufig, und nur durch Umlaut in *o* beeinträchtigt, findet sich in Endsilben als ursprüngliche nur noch selten, z. B. in *sunu* Sohn, goth. *sunus*, *fridu* Friede, wo es auch zu *o* (*suno, frido*) geschwächt erscheint. Einige Male ist *u* aus einem *w* entstanden, indem der dahinter gestandene Vocal wegfiel, so *kuman* kommen aus *kwiman*, goth. *qiman; sulik* solch aus *swalik*, goth. *swaleiks: sunk* schwankend (Heliand 2447) aus *swank*, mhd. *swanc; sus so*, also, aus *swa-swa*.

Die Länge des *u* ist selten *û*, namentlich in *ûp* auf, goth. *iup*, und im Präsens einiger ablautender Verben mit wurzelhaftem *u* (*brûkan* genieszen, *antlûkan* öffnen, *bilûkan* verschlieszen); gewöhnlich *iu*, in Verben und Nominalbildungen (*gibiudu* gebiete, *kiusid* wählt, *liuhtian* leuchten, *fiur* Feuer, *unhiuri* unheimlich), einmal durch *ui* widergegeben (*luidi* Leute Beda 3). Dies *iu* lautet in *io* (geschwächt *eo, ia, ie, ea*) um, vergl. § 8, 1.

Der Diphthong dieser Reihe, ehemals *au*, hat sich ausnahmslos zu *ô* zusammengezogen (*gibôd* er gebot, goth. *bauþ; nôd* Not, goth. *nauþs; hôh* hoch, goth. *hauhs; hôbid* Haupt, goth. *haubiþ* u. a.). Dasz dieses *ô* auch der Aussprache nach von *ô*, der Länge des *a*, verschieden war, und öfter in der Schreibung mit *â* wechselte, ist oben § 5 bemerkt.

û findet sich auszer den eben erwähnten Fällen auch in einer gröszeren Anzahl Nominal- und andern Bildungen: *hlûd* laut, *sûbar* sauber, *rûm* Raum, *dûba* Taube, *rûna* Geheimnis, *krûd* Kraut, wo es teils alte Länge, teils spätere Ersatzlänge, teils etymologisch noch unsicher ist (§ 3). Ob in Fällen, wo nach kurzem *u* ein Nasal weicht, dieses zum Ersatz verlängert worden ist (beispielsweise in *kud* bekannt, goth. *kunþs; us* uns, goth. *uns; ust* Sturmwind, ahd. *unst* u. a.) oder ob die Kürze bleibt, ist für das Altsächsische nicht zu entscheiden, vergl. unten § 14, 4.

§ 8.

Besondere Lautgesetze.

1. **Umlaut.** Der Umlaut, weniger entwickelt als in andern niederdeutschen Dialecten, wird veranlaszt durch *i*

und *a* und ihre Längen *i* und *ô*, die in der folgenden Silbe
entweder noch vorhanden sind, oder doch in einer früheren
Sprachperiode vorhanden waren (§ 4).

Ein *i* oder *î* der zweiten Silbe verändert *a* der ersten
zu einem Zwischenlaute *e*. Beispiele: *heti* Hasz, goth. *hatis*;
heri Heer, goth. *harjis*; *egiso* Schrecken, goth. *agis*; *hebbian*
heben, goth. *hafjan*; *thenkian* denken, goth. *þagkjan*; *spenid*
er lockt, 3. pers. sg. präs. von *spanan*; *ferid* er fährt, von
faran; *gesti* Gäste, goth. *gasteis*, u. a. Auch wenn das *i* im
gegenwärtigen Sprachstande geschwächt oder weggefallen ist,
besteht der Umlaut: Nebenform zu *hebbian* heben ist *hebbean*,
wie zu *thenkian thenkean*; *bed* Bett ist goth. *badi*, *senda* er
sante goth. *sandida*; *bet* beszer, *leng* länger, haben die Bildungssilbe des Comparativ, die *i* enthielt, verloren, u. a.

Nicht immer aber ist der Umlaut eingetreten, ein Be-
weis, dasz sein Bestehen noch nicht alt ist. Den alten Laut *a*
bewahren vor *i* der zweiten Silbe folgende Formen: *lahid* er
tadelt; *farid* er fährt neben *ferid*; *spanid* er lockt neben
spenid; *fallid* fällt; *haldid* hält; *gangid* geht neben *gengid*,
und ähnliche; ferner *habbian*, *habbean* haben neben *hebbian*;
mahtig mächtig; *mahtî*, acc. plur. von *maht* Macht; *awardian*
verderben neben *awerdian*.

Eine Spur, dasz *i* der zweiten Silbe auch auf ein in
erster vorausgehendes *u* einzuwirken beginnt, findet sich in
der Form *thiori* dürr, ahd. *durri*, gewährt im gen. *thiores
holtes* (Essener Heberolle 3. 12), wo wahrscheinlich die Schreibung *io* nur einen unserm *ü* ähnlichen Zwischenlaut des *u*
bezeichnen soll.

Ein *a* oder *ô* der zweiten Silbe verändert ein *i* und *u*
der ersten zu *ë* und *o*, ein *iu* zu *io*. Beispiele: *gëban* geben,
gëbad sie geben, *gëba* er gebe (goth. *giban*, *giband*, *gibai*)
gegen *gibu* ich gebe, *gibis* du gibst, *gibid* er gibt (goth. *giba*,
gibis, *gibiþ*); *bëda* Bitte, goth. *bida*, *bëdôn* beten; *wrëkan* ver-
folgen, goth. *vrikan*; *quëna* Frau, goth. *qinô*; *trëwa* Treue,
goth. *triggva*; — *giholpan* geholfen, goth. *hulpans*, gegen
hulpun sie halfen, *hulpi* er hälfe (goth. *hulpun*, *hulpi*); *skolda*
sollte, goth. *skulda*; *folda* Erde; *gornôn* trauern; — *biodan*
bieten, *biodad* sie bieten, *bioda* er biete (goth. *biudan*, *biudand*,
biudai) gegen *biudu* ich biete, *biudis* du bietest, *biudid* er
bietet (goth. *biuda*, *biudis*, *biudiþ*); *giotan* gieszen; goth.
giutan; *hioban* weinen, goth. *hiufan*; *wiodôn* jäten. Der Umlaut besteht, wenn auch *a*, der Veranlasser desselben, zu *u*,
o, *e* geschwächt oder ganz weggefallen ist: *selbo* selbst, goth.
silba; *gëbu* der Gabe, *gëbun* den Gaben, goth. *gibai*, *gibôm*;
wëg Weg, goth. *vigs*, hat stammhaftes *a* eingebüszt, das z. B.

im dat. sg. *wëga* noch hervortritt; *formo* der erste ist goth.
fruma; hold hold, goth. *hulþs, god* Gott, goth. *guþ* sind wie
wëg zu beurteilen; *liomo* Glanz setzt ein gothisches *liuhma*
voraus; *lioflik* ist goth. *liubaleiks; lioht* Licht entspricht
goth. *liuhaþ.*
Auch hier gibt es eine Anzahl von Fällen, in denen der
Umlaut nicht eingetreten. Zunächst bleiben *i* und *u* unverrückt,
wenn darauf Consonantenverbindungen folgen, die mit *m, n*
beginnen: es heiszt *swimman* schwimmen, *thringan* dringen,
beginnan anfangen, *beginnad* sie beginnen, *fingar* Finger,
thing Ding, dat. *thinga* und *thinge, cumbal* Zeichen, *githrungan*
gedrungen, *bigunnan* angefangen, *brunno* Brunnen, *tunga*
Zunge, *sundar* besonders, *grund* Grund, dat. *grunda* und
grunde, u. a. Ausnahmen bilden *onsta* gönnte von *unnan,*
konsta konnte von *kunnan, bigonsta* fing an gegen altniederfr.
begunsta, u. a. Dann hält sich *i* rein in den Participien
präteriti der ablautenden Verben mit wurzelhaftem *i: bihlidan*
bedeckt, von der Wurzel *hlid*, inf. *hlidan; giwritan* geschrieben,
von der Wz. *writ*, inf. *writan; giswikan* gewichen, von der
Wz. *swik*, inf. *swikan;* ferner in Nominal- und andern Bildungen, in denen das *i* wurzelhaft und nicht aus *a* geschwächt
ist, wie *bittar* bitter, von der Wz. *bit*, inf. *bitan* beiszen;
klibôn kleben, von der Wz. *klib*, inf. *kliban* kleiben; *twisk*,
Stamm *twiska* zwiefach, von der Wz. *twi* der Zweizahl; *widar*
wider, welches anlautendes *t* eingebüszt hat und ebenfalls auf
diese Wurzel zurückführt, u. a. Auszer diesen geschlossenen
Reihen von Fällen haben sich *i* und *u* auch in vereinzelten
Wörtern unumgelautet bewahrt: vom Stamme *fiska* heiszt es
fisk Fisch, *fiskari* Fischer, *fiskôn* fischen; vom Stamme *skipa*
skip Schiff, nicht *skëp;* für ahd. *nëman* nehmen steht durchgängig *niman*, und neben *gëban* geben kommt auch *giban* vor;
neben *binoman* benommen, ist *binuman* bewahrt, wie in *fugal*
Vogel, *sumar* Sommer, *gumo* Mann, *ful* voll, plur. *fulla* altes
u haftet. Sicher unter Einflusz des vorhergehenden, halb-
vocalisch gesprochenen *w* bleibt *u* in *wulf* Wolf, Stamm *wulfa,*
wunôn neben *wonôn* bleiben (wie denn überhaupt *w* dem nach-
folgenden Vocal einen dunklern Laut zu geben vermag, § 14, 5).
Wenn umgekehrt der Umlaut *ë* einigemal in der 2. sg. des
Imperativs ablautender Verben erscheint, wo er scheinbar unberechtigt steht (*gëf* gib für *gif* Hel. 1609, *hëlp* hilf für *hilp*
1614, *sëh* sieh für *sih* 4611. 4768, *wës* sei für *wis* in den
Straszburger Glossen; vergl. *teoh* zieh für *tiuh* Hel. 3204), so
wirkt hier sicher altes stammhaftes *a* einer zweiten Silbe nach,
das sich zwar im deutschen nicht mehr nachweisen läszt, das
aber urverwante Sprachen aufweisen (sanskr. *tuda* stosz, griech.

λῦε, lat. *solve*). Wenn *fëhu* Vieh (althochd. *fihu*) einen Umlaut hat, so rührt das daher, dasz sich aus dem alten, auf -*u* ausgehenden Stamme ein jüngerer auf -*a* entwickelt, den der Genitiv *fëhas* (Hel. 390) bezeugt und von dem aus der Umlaut auch in den altes *u* wahrenden Nominativ eindringt.

Was die Natur der Umlaute *e*, *ë* und *o* betrifft, so gilt das Gesetz, dasz der umlautwirkende Vocal den umgelauteten möglichst nahe zu seiner Lautgeltung heranzieht. Das aus *a* durch *i* entstandene *e* lautet daher hell, dem *i* ziemlich nahe, die Schreibung *ie*, die dafür bisweilen eintritt (*antkiennian* erkennen Hel. 3583, *antkiendun* erkannten 3608, *kietel* Kessel Freckenhorster Rolle 343. 344) soll nichts als diesen Lautwert anzeigen, bisweilen ist auch geradezu *i* geschrieben: für *henginna* Hängen, Hel. 5169 steht *hinginna*, für das Suffix -*skepi* -schaft (z. B. *landskepi* Landschaft) auch -*skipi (landskipi)*; die Freckenhorster Heberolle gewährt *ivenin* von Hafer neben *evenin*, die Ortsnamen *Hamorbiki* für *Hamorbeki* Hammerbach, *Stênbiki* für -*beki* Steinbach, *Alfstidi* für *Alfstedi* Alfstädt, u. a. Dagegen hat das durch *a* aus *i* umgelautete *ë* einen breiten, dem *a* nahen Ton, und wird in den Handschriften auch durch *œ* widergegeben, z. B. *hœrd* Herd (Merseb. Glossen 43), mhd. *hërt;* manchmal steht sogar geradezu *a* dafür: *spraka* für *sprëka* er spreche Hel. 3733, *warold* Welt (Beda 14), ahd. *wëralt.* Ebenso klingt *o* aus *u* durch *a* dem letzteren nahe, so dasz dafür auch geradezu *a* geschrieben wird, in der Freckenhorster Rolle wechseln die Schreibungen *honig* und *hanig* Honig, *thorp* Dorf und *tharp*, *harn* Horn und *horn*, die Merseburger Glossen haben *ût bislatenun seclusis* für *bislotenun;* eine Schreibung die auch, die gleiche Aussprache andeutend, bei dem *o* in Endsilben nicht unhäufig auftritt: *untellica ineffabiliter* für *untellico* Merseb. Gl. 15, *ênkora* Einsidler Hel. 861 für *ênkoro*, *frôhan* des Herren Hel. 1094 für *frohon* und noch oft; und woran sich der Gebrauch eines *á* für *ó* in der Endung des nom. gen. plur. anschlieszt: *slutilás* Schlüssel. Hel. 3073 für *slutilós*, *trewaná* der Treuen Hel. 4578 für *trewonó*, *sundigará sceleratorum* für *sundigaró* Straszburger Gloss. 13, *allerá mêst summopere* Merseburger Gloss. 21, *selfėdiá personarum* das. 33, und öfter. An jenes *a* für *o* lehnt sich die Schreibung *ia* für *io* an, so dasz für *kiosad* sie wählen, *diopo* tief. *thionost* Dienst auch *kiasad*, *diapo*, *thianust* begegnen. Wie für *io*, wo das *i* nach § 3 ja nur die Natur eines Vorschlags hat, auch *eo* steht (*theobandi* weinend für *thiobandi*), so vertritt oft jenes *ia* ein *ea*: *keasad*, *theanust*. Aus *ia* geht die äuszerste Schwächung *ie* hervor, die im ganzen noch selten ist: *kiesad*, *thienost*. In einigen Wörtern hat sich dieselbe

zu *é* zusammengezogen: *mêda* Miete, altniederfr. *mieda; bréf*
Urkunde, ahd. *briaf;* ein Gebrauch der sich bis ins altniederfränkische fortsetzt, wo *thêrna* (Hel. Cott. 502) für *thiorna,*
thierna Dirne, und in einem Werdener Register der Ortsname
Otarflêtun für *-flietun, -fliotun* begegnen. — Die Handschriften
unterscheiden *e* (aus *a*) von *ë* (aus *i*) nicht, verwenden vielmehr
für beide dasselbe Zeichen *(e),* worin die Textausgaben folgen;
nur hier, wo für grammatische Zwecke die Auseinanderhaltung
beider *e* auch für das Auge erwünscht ist, soll die von
J. Grimm ein geführte Bezeichnung des aus *i* entstandenen
(ë) festgehalten werden.

Rückumlaut (§ 4) tritt mehrfach auf. *e* lautet in *a*
zurück im Präteritum schwacher Verben, wo umlautwirkendes
i ausfällt, so in *sayda,* prät. von *seygian* sagen, *quadda,* prät.
von *queddian* grüszen, *wahta* von *wekkian* wecken, u. a. *ë*
lautet in *i, o* in *u, io* in *iu* zurück in Nominal- und Verbal-
ableitungen: von *gërsta* Gerste bildet sich *girstin* gersten, von
gërn begierig (Stamm *gërna) girnian, girnean* begehren; von
gold Gold (Stamm *golda) guldin* golden, von *horn* Horn (Stamm
horna) hurnid gehörnt, von *rokko* Roggen *rukkin* roggen, von
lioht Licht (Stamm *liohta) liuhtian* leuchten. In einigen Fällen
ist der Rückumlaut nicht eingetreten, der umgelautete Vocal
vielmehr geblieben, trotzdem der umlautwirkende durch einen
andern, hier nicht gleiche Wirkung habenden Vocal ersetzt ist:
die Freckenhorster Rolle gewährt stets *gërstin* für *girstin*
gersten; neben *liuhtian* leuchten geht *liohtian;* für *sanda*
sante von *sendian* steht auch *senda,* wie für *satta* setzte von
settian setta u. a.

2. **Brechung.** Brechung (§ 4) findet sich nur spurweise in der Essener Beichte, wo für *gihu* ich bekenne *giuhu*
(auch *iuhu*) gesetzt ist, vor *h* also das *i* in *iu* übergeht.

3. **Verderbnis der Kürze** *a.* Es ist eine Eigentümlichkeit der altniederdeutschen Dialecte, namentlich des
angelsächsischen und friesischen, dasz reines, vom Umlaut nicht
betroffenes *a* die Neigung zeigt, in *e*, vor Nasalen in *o* auszu-
weichen. Im altsächsischen wird diesz noch selten beobachtet.
Die Denkmäler aus Westfalen haben *e* für *a* nicht, wogegen es
in den norddüringischen Merseburger Glossen auftritt: *forse-*
kenun renuntiatis für *forsakenun, thet* dasz, *therva opus,* ahd.
darba, deye Tage; einmal auch als *ie: iermhéd devotio.* *o* für
a ist zu entnehmen aus *onstandanlica instantissime* derselben
Glossen, tritt aber auch in den westfälischen Denkmälern vereinzelt auf, zunächst und häufig in *fon* für *fan* von; wenn für
goth. *anþar* ander die Formen *ódar,* für altnord. *sannr* aus

sand-r wahr die Form *sód*, neben *fádi* das Gehen aus *fandi*
auch *fódi* (Hel. 556) stehen, so gehen solche Formen zunächst
durch ein *ondar, sond, fondi* hindurch. Auch wenn nicht
Nasal folgt oder gefolgt hat, ist die angegebene Wandlung
vereinzelt eingetreten: *of* von geht neben *af,* goth. *af*; *for* vor
neben *far;* in den Straszburger Glossen steht *old annosa* für
ald, vivoldaran papiliones, ahd. *fífaltra papilio.*

4. Assimilation eines Vocals der vorhergehenden Bildungssilbe an den der folgenden ist im altsächsischen viel
weniger häufig als im niederfränkischen, daher das nähere über
sie § 12. Die Fälle wo sie im altsächsischen am meisten
eintritt, sind § 38 verzeichnet.

§ 9.

Altniederfränkische Vocale.

A-Reihe.

Die Kürze *a* mit ihren Schwächungen *(i, u)* ist wesentlich auf dem Fusze des altsächsischen (§ 5). Ihr Uebergang zu
tonlosem *e* in Endsilben ist zum Teil etwas weiter vorgeschritten
als dort: in den Psalmen und den Lipsiusschen Glossen begegnet
dafür oft *i: aftir* nach, alts. *aftar, after; aftrithinsinde detra-
hentes* Ps. 70, 13 für *afterthinsende; an heiligin in sancto,*
alts. *an hêligumu; tékin signum,* alts. *tékan,* u. a. Dieses *i*
findet sich in den angegebenen westlichen Denkmälern auch
an Flexionssilben der Conjugation und der Declination, wo das
altsächsische entweder die Schwächung *u, o* des *a* aufweist
oder noch ungeschwächten Vocal erhalten hat: *sinin suis,* dat.
pl., altsächs. *sinun, sinon; rêgin willigin pluviam voluntariam,*
alts. *würde willigan* entsprechen; *wërthint* sie wërden, alts.
wërdad; ruopinde clamans, alts. *hrópandi,* u. a. Sonst zeigen
diese Denkmäler für ein altsächs. *a* in Endungen der Conjugation auch *u, o,* z. B. *quëthunt dicunt,* alts. *quëdad; druoron
conturbare,* alts. *dróbian,* u. a.

Die Länge des *a* erscheint in den westlichen wie in den
östlichen Denkmälern in Stammsilben als *uo: ruoda* Rute,
muodar Mutter, *fuot* Fusz, *gefuogan* fügen, *duom* Gericht, u. a.;
selten als *ó,* z. B. in den westlichen Denkmälern: *behódit
custodit* Ps. 18, 12; *heitmódi furor* 57, 5; *tó-hopa spes* 60, 4;
blóion sulun florebunt 71, 16; in den östlichen: *mód* Gemüt
Hel. Cott. 1; *gespón* trieb an ebenda; *blód* Blut 5540; *grótta*
grüszte 5619, u. ö.; Werdener Urkunden haben die Eigen-

namen *Hrôdgêr, Hrôdheri.* Stets steht *ô* als Länge des ̃a.
wie im altsächsischen und gothischen, in Nominal- und Verbal-
endungen: *dagôs* Tage (nom. pl.) in den Werdener Denkmälern entspricht auch goth. alts. *dagôs,* die westlichen bilden
den Plural anders; *gëbonô* der Gaben ist goth. *gibô; fiskôn*
fischen, *fiskôdun* sie fischten, der altsächsischen Form gleich,
goth. *fiskôn, fiskôdêdun,* u. a.

Die Ersatzlänge des *a* findet sich gewöhnlich als *â,* seltener
als *é,* für welches letztere nur Beispiele aus den Psalmen und
den Lipsiusschen Glossen zu geben sind: *dêda facta* Ps. 63, 10;
ginékeda appropinquavit 54, 22; *gévi dedisti* 59, 6; *andrêdit*
timet Gloss. Lips. 34, *wêdan induere* (ahd. *wâtjan)* das. 1074;
gewêde vestimenta, das. 471.

§ 10.

I-Reihe.

i und seine Länge *î* befinden sich im Allgemeinen in
denselben Verhältnissen wie im altsächsischen (§ 6); nur wird,
was die westlichen Denkmäler betrifft, in Endsilben, namentlich der Declination, die Verkürzung eines *î* zu *i* zweifellos
sein, weil daneben Formen mit tonlosem *e* gleich häufig begegnen: *hendi* Hände (alts. *hendî)* und *hende; menigi* Menge
(alts. *menigî)* und *menege,* u. a.

Der Diphthong dieser Reihe, goth. *ai,* lautet in den
Psalmen und den Lipsiusschen Glossen häufig *ei: teikan* Zeichen,
goth. *taikns; deil* Teil, goth. *dails; leid* wartete, goth. *baid;*
neigan inclinare, goth. *hnaivjan,* u. a. Daneben findet sich
aber der Diphthong eben so oft in *ê* zusammengezogen, nicht
blosz, wie diesz in den althochdeutschen Dialecten der Fall
ist, in Folge consonantischer Beeinflussung vor *r, h, w: mêror*
major, sêr dolor, êwa lex, êwisc aeternus, sêla anima (aus
sêwala, goth. *saivala),* oder im Auslaute, sondern auch auszer
diesen Fällen, wo nach Neigung in einem und demselben Worte
bald *ei,* bald *ê* hervortritt; z. B. in *teikan* Zeichen und *têkan,*
ein ein und *ên, sweiga* Herde und *swêga, heilig* heilig und
hêlig, leimo Lehm und *lêmo, freisa* Gefahr und *frêsa,* u. a.
In den Werdener Denkmälern ist die Zusammenziehung des
Diphthongen zu einer Länge ausnahmslos eingetreten. Dieselbe
ist gewöhnlich *ê: hêland* Heiland, *hêlire* Heiland (Psalmencomm. 61), *hêdar* heiter, *sêrag* schmerzlich, *wê* wehe, *lêstian*
leisten, u. a., selten *æ (gæstas* des Geistes Hel. Cott. 2792),
oder *â,* diesz in folgenden Fällen: *sárag-muod* traurigen

Herzens, Hel. Cott. 1114; *skân* schien 3145; *hâlag* heilig
5773; Werdener Urkunden haben in Eigennamen neben *Hêlgêr*
auch *Hâlagfrið*, neben *Êkasbeki* auch *Âchêm*. Die Aussprache
des *ê* scheint eine dem *i* nahe gewesen zu sein, da die Handschriften manchmal dieses für jenes setzen, z. B. *gihîlian*
heilen Hel. Cott. 2098 für *gihêlian*, *fullîsti* Hilfe 5640 für
fullêsti; die Psalmen haben mehrmals *sîla* Seele für *sêla*.
Auch *ie* für *ê* findet sich in *gelierot wêrthet erudimini* Ps. 2, 10;
iewiscon aeternis Gl. Lips. 600.

§ 11.

U-Reihe.

Auch in dieser Reihe stehen die Verhältnisse im ganzen
sehr nahe zu den altsächsischen. Nur hat sich in den Psalmen
und den Lips. Glossen öfter da die Länge des *u* als *û* gehalten, wo die Werdener Denkmäler mit dem altsächsischen
Dialecte *iu* zeigen: *dûrlik* teuer Ps. 18, 11, alts. *diurlik*
(auch der Cottonianus hat einmal *dûrlik* 3995); *dûpî* Tiefe
Psalm. 67, 23 neben *diupî*; *nûwi* neu, Ps. 68, 32, goth.
niujis; *undirthûdig* untertan, Ps. 61, 2. Gloss. Lips. 968;
trûwi treu, Ps. 18, 8, ahd. *triuwi*; *flûtit* flieszt, Ps. 57, 9. 67, 3.
ahd. *fliuzit*. Für *iu* begegnet die Schreibung *ui* (*luide* Leute
Ps. 2, 1), die auch ins altsächsische hinüber reicht (§ 7).

Der Diphthong, goth. *au*, ahd. *au* und *ou*, hat sich in
den Werdener Denkmälern stets, in den andern wenigstens oft
in *ô* zusammengezogen, und *ou* steht in den letzteren nur noch
vor Gutturalen und Labialen: *ougon* Augen neben *ôgon*; *ougan*
vor Augen bringen neben *ôgan*; *intlouc aperuit*, *houvot* Haupt
neben *hôvit*; *louf* Laub; *ungelourindi* ungläubig, u. a.

§ 12.

Besondere Lautgesetze.

1. Umlaut. Der Umlaut wird von denselben Vocalen
und unter denselben Verhältnissen wie im altsächsischen (§ 8, 1)
gewirkt, auch sind die Fälle des Rückumlauts nach dem dort
gesagten zu ermessen. Der von *i* gewirkte Umlaut des *a* in *e*
ist nicht blosz in den Werdener Denkmälern mehrfach auf-
gehalten; auch die Psalmen zeigen Schwanken in *unmahtig*
und *unmehtig* kraftlos, die Gloss. Lips. in *gegimwirdi* und

gaienwerde conspectus, in welcher letzteren Form das *i* Vertreter eines palatal gesprochenen *g* ist. Beachtenswert sind die Fälle, in denen das umlautwirkende *i* der zweiten Silbe auch in die erste hinter den umgelauteten Vocal eindringt und so den Diphthongen *ei* bildet, eine Eigentümlichkeit die auch in althochdeutschen Dialecten zu bemerken ist: *heinde* Hände, Ps. 62, 5 neben *hendi*, *hende* von *hant; einde* Ende. Ps. 60, 3 neben *endi*, *ende; sceifte* Pfeile Ps. 56, 5 neben *scefti*, *scefte* von *scaft* Schaft, Pfeil; *eintisce antiquos* Gl. Lips. 244 neben *entisce; geweinoda educavit* von *gewennan*, Gl. Lips. 479: *gaienweierde* Gegenwart Gl. Lips. 374 für *gagin-*, *geginwerdi*.

Es finden sich in allen niederfränkischen Denkmälern Spuren, dasz *i* nicht blosz auf *a* einwirkt. Zunächst wird, wenn auch noch selten, *u* zu einem Zwischenlaute verwandelt, der sowol *i* als *ui* geschrieben ist; die Beispiele sind: *duiri* Türen Gl. Lips. 214, für *duri; wirte olera* das. 1032 für *wurti*, *wurti; drihten* Herr Hel. Cott. 264 neben *druhtin; fisid* bereit Hel. Cott. 2353 neben *fusid; firisto* erster 4876 neben *furisto; Werdener Urkunden haben den Ortsnamen *Stikkeswurd* neben *Stucciaswurd*. In den Psalmen und Lips. Glossen begegnet ferner der Umlaut *oi* aus *ou: boigedan incurvaverunt* Ps. 56, 7 aus *bougidon*, und *oigi ostende* Gl. Lips. 723 aus *ougi*. Ob auch *ô*, *uo* zu *ê*, wie im angelsächsischen und friesischen, Umlaut erfahre? Die einzige Form *frêkni* für *fruokni*, *frôkni* wild, Hel. Cott. 1230, die in diesem Sinne aufgefaszt werden könnte, beweist nichts, da hier wahrscheinlich ein Schreibfehler vorliegt.

Der durch *a* gewirkte Umlaut des *i* zu *ë* ist, wie im altsächsischen (§ 8), nicht immer erfolgt; auszer den dort genannten Fällen gewähren ferner der Hel. Cott. 5130 *rádgibo* Ratgeber für *-gëbo*, die Psalmen *quithan* sprechen (60, 9) neben *quëthan*, *wirthan* werden (58, 14) neben *wërthan*, ähnlich *wirthin*, *wirthon* (opt. plur. präs.) neben *wërthin*, *wërthan*, wo *i* und *o* der Endsilben nach § 9 früheres *a* vertreten; *irtha terram* (59, 4) neben *ërtha*, *unriht* Unrecht neben *unrëht*, *rif* Leib neben *rëf*. Für das aus *iu* durch *a* der zweiten Silbe umgelautete *io*, das die Werdener Denkmäler festhalten, höchstens wie die sächsischen (§ 8) zu *eo*, *ia* abschwächen, haben die Psalmen fast immer *ie* eintreten lassen: *liegan* lügen, alts. *liogan*, *liagan; lief* lieb, alts. *liof; driepan* triefen, alts. *driopan; io* ist gewahrt in *lioht* Licht. *ia* zeigt sich in *thiat gens*, *thiadon nationibus*, *thianin wi serviamus* der Lips. Gloss. Ueber *ê* für *ie* vergl. § 8, 1.

Auch in den niederfränkischen Denkmälern, die so wenig wie die sächsischen *e* und *ë* in der Schrift scheiden, scheinen die beregten Laute der Aussprache nach verschieden. *e* lautet *i* sehr nahe, und wird auch wol durch dasselbe ersetzt, z. B. in *geginwirdi* Gegenwart Ps. 18, 15 u. ö., gerade wie auch der Hel. Cott. *gifrimid* gemacht 43 für *gifremid*, *giriwan* rüsten 3451 für *gerwian*, *binithion* Feszeln (dat. pl.) 4867 für *bendiun*, *-skipi* -schaft für *-skepi*, oder etwas anders *hieri* Heer 5370 für *heri* schreibt; *ë* klingt tief und wird in der Schreibung auch durch *æ* widergegeben, z. B. *spræcan* sprechen Hel. Cott. 2778, oder geradezu durch *a*, z. B. *barahtun* glänzende (acc. plur.) für *bërahtun* 3655, *gispracan* sprechen für *gisprëkan* 5548, *wala-licondi beneplacito* für *wëla-licondi* Gloss. Lips. 997.

2. **Brechung.** Brechung wird, wie im altsächsischen, nur spurweise, und nur in der Cottonischen Handschrift des Heliand beobachtet: in einigen Fällen erfährt hier ein *ë* vor *r* Uebergang in einen kurzen durch *eo* bezeichneten diphthongischen Zwischenlaut: *georno* gern für *gërno* 112, *steorro* Stern für *stërro* 662, *steorron* Sterne 4314. Ebenso geht vor *r* ein *a* in *ea* über: *weard* Wächter 3712 für *ward*.

3. **ie für ë.** Eigentümlich erscheint ein *ie* für *ë* in pronominalen Formen: *hie* er (in den Psalmen neben *he*), *thie* der, *thiemo* dem, *thiem* denen, *thieses* dieses (gen.), welche letztere Formen der Cottonianus mehrfach zeigt. Dieses *ie* ist nicht, wie jenes altsächsische (§ 8, 1) eine Schreibart für einen kurzen, zwischen *i* und *e* liegenden Zwischenlaut, sondern wirklicher Diphthong, die Schwächung eines *iu*, welches sich noch in dem fem. *thiu* die, *thius* diese voll erhalten findet; für *ie* steht auch *ia* in dem öftern *thia* der Psalmen. Im hochdeutschen fränkisch begegnet ähnliches, wo *tiusa*, *dheasa* diese für *dësa* vorkommen.

4. **Einschiebung eines euphonischen Vocals** zwischen *r* und *l* und einer Labialis oder Gutturalis geschieht vorzüglich in den Werdener Denkmälern öfters, wobei sich der gewählte Vocal dem des Stammes meist ganz oder möglichst nahe anschlieszt: für alts. *bërht* hell heiszt es hier *bëraht*, *bëreht*, für alts. *fërh* Leben, *fërah* oder mit Abfall des *h fëru* (Hel. Cott. 2217, 5705), wie für alts. *thurh per* die Form *thuruh*, *thurug*, *thuruc* und *thuru* statt haben; alts. *bifëlhan* befehlen wird *bifëlahan*, das prät. *bifalh bifalah*; alts. *arbëd* Mühe, *sorga* Sorge wird auch *arabëd*, *soraga*, neben *torht* glänzend geht *toroht*, für *wurhtio* Arbeiter kommt einmal auch die Form *wuruhteo* (Hel. Cott. 3462) vor; dem Vocal der Ableitungssilbe schlieszt sich der eingeschobene euphonische Vocal in *wurigil* Strick für *wurgil* (Hel. Cott. 5170) an.

5. Assimilation. In drei- und mehrsilbigen Formen, vorzüglich des Nomens, macht oft der Vocal der letzten Silbe sich
den der vorletzten gleich, vorausgesetzt dasz dieser nicht dem
Stamme, sondern einer Bildungssilbe angehört. So steht neben
hêlag heilig eine andere Form *hêlogo*, neben *soragon* den
Sorgen *sorogon*, neben *mikilun* die grosze (acc. sg. fem.)
mikulun (Hel. Cott. 3315); die Psalmen zeigen *ungelourindi*
ungläubig für *ungelourandi*. Ist hierbei der Vocal der letzten
Silbe lang, der assimilierte Vocal der vorletzten kurz, so be-
hält dieser seine Kürze, da sich die Assimilation nur auf
den Vocalklang. nicht auch auf die Quantität erstreckt: für
thêsarô dieser (gen. plur.) tritt *thesorô* ein, für *sorayôt* er sorgt
sorogôt (Hel. Cott. 2518).

6. Verderbnis des kurzen *a* in Stammsilben.
Eine solche kann in selteneren Fällen als im altsächsischen
(§ 8, 3) nachgewiesen werden. *e* für *a* steht in *forđwerd*
fürder Hel. Cott. 4011, *forđwerdes* weiter 2236, *twifelt* zwiefalt
Gl. Lips. 960, im Namen *Athalbern* der Werdener Heberegister; *o* für *a* einige Mal mehr, namentlich auszer in der
Präposition *of* ab, in *twifold anceps* Gl. Lips. 959, *ordôn
habitare* für *ardôn* Gl. Lips. 733, vielleicht auch in *boldlico
fiducialiter* 164, wenn die Form richtig ist (es ist *bolalico*
überliefert); jedenfalls haben hier die Laute *r* und *l* auf die
Verdunkelung des *a* eingewirkt.

§ 13.

Consonanten. — Allgemeines.

Der altsächsische und altniederfränkische Consonanten-
stand ist folgender.
Gutturale: die Muten *g, k*, die Spirans *h* und ein gutturaler
Nasal (s. unten);
Palatale: die Spirans *j;*
Linguale: die Liquiden *r* und *l;*
Dentale: die Muten *d, t*, die Spiranten *th, đ, s*, der
Nasal *n;*
Labiale: die Muten *b (ƀ, v), p,* die Spiranten *f. w.* der
Nasal *m.*
Von diesen Consonanten sind die Muten, sowie die
Spiranten *h, th, đ* und *f* das Ergebnis einer vorhistorischen
Wandlung, welche die Muten der germanischen Sprache von
denen der urverwanten abhob und die nach J. Grimms Vor-

gange Lautverschiebung genannt wird. Sie besteht in den
allgemeinsten Umrissen darin, dasz eine Aspirata der urverwanten
Sprachen zur Media wurde (altind. *bharâmi*, griech. φέρω, alts.
biru trage, griech. ἐγχοῖ nahe, alts. *engi* enge, u. a.), eine
Media zur Tenuis sich veränderte (griech. δείκννμι, alts.
tîhan zeihen u. a.), alte Tenuis aber aus der Reihe der Muten
austrat und einen spirantischen Laut annahm (altind. *tad*, alts.
that dasz, lat. *vertere*, alts. *wërdan* werden, lat. *cornu*, alts.
horn Horn u. a.). Das Gesetz hat seine bestimmten festen
Ausnahmen, worüber eine allgemeine Grammatik der deutschen
Sprachen Auskunft gibt.

Die althochdeutschen Dialecte weichen von dieser Stellung
der Muten, wie sie das altsächsiche und altniederfränkische
mit den übrigen altniederdeutschen Dialecten, dem gothischen
und dem nordischen gemeinsam hat, manigfach ab, namentlich
in der Dentalreihe, indem hier unter anderem eine niederdeutsche Tenuis *t* zu einer hochdeutschen Spirans *z* geworden
ist (zweite Lautverschiebung). Einige altniederfränkische Psalmen, die aus diesem Grunde wol von einem Uebersetzer her-
rühren, der an der Grenze des mittelfränkischen Gebietes seine
Heimat hatte, teilen die angegebene Eigentümlichkeit und
entfernen sich hierdurch von den übrigen altniederfränkischen
und altsächsischen Denkmälern: ihnen ist alts. *holt* Holz *holz*,
alts. *wêt*, altniederfr. *weit* weisz *weiz*, altnfr. *heitmuodi* Zorn
heizmuodi, alts. *te* zu *ce* (für *ze* geschrieben) u. a. Selten
geht, in Uebereinstimmung mit hochdeutschen Denkmälern die
Verschiebung auf die Guttural- und Labialreihe: doch findet
sich auch einigemal Spirans für niederdeutsche Tenuis in *sô
wêlih sô quaecunque* Ps. 1, 3, *ôh neque* Ps. 1, 5, *becêhnôt
signatum* Gloss. Lips. 75, und in der Labialreihe *wuophes
fletus* (gen.) Gl. Lips. 1065 neben *wuop fletus* und *wuopindi
lugens, lief* lief Ps. 72, 9 neben *loupan* laufen.

Von dem Gesetze, dasz jeder Laut sein eigenes Zeichen
habe, weicht auszer der Palatale *j*, die teils der Vocal *i*, teils
y (§ 14) widergibt, nur der gutturale Nasal ab, dessen Stellung
eine genau bestimmte, nur vor *g* und *k* vorkommende ist, er
wird von dem Zeichen des dentalen Nasals mit ausgedrückt.
Doch fehlen Versuche ihn anders zu bezeichnen, wenigstens
in den altsächsischen Denkmälern nicht ganz: die Freckenhorster Heberolle schreibt 20 *penniggô* für *penningô* Pfennige
(gen. pl.). 164 *Eniggerâlô* neben *Aningerâlô*; auch die Schreibung des Namens *Junggi* 24 für *Jungi*, wozu sich *hungger
famem* der niederfränkischen Psalmen 58, 7 stellt, deutet wol
auf jenes Streben hin. Ganz wird er, seines dumpferen und

undeutlicheren Klanges wegen, unbezeichnet gelassen öfter im
Monacensis des Heliand, z. B. *jungoron* Jünger (nom. acc. pl.)
für *jungoron* 1593 u. ö., auch im Cottonianus, z. B. *jugron* 1149.

§ 14.

Altsächsische Consonanten.

1. **Gutturale.** Die Media *g* musz wenigstens im Anlaute vor den hellen Vocalen *e* und *i* einen spirantischen,
j gleichen Laut gehabt haben, wie daraus erhellt, dasz
einerseits die Gutturale *g* auch durch *i* für *j* (*iegican* gegeben Bed. 5), andererseits die echte Palatale *j* auch durch
g, oder wenn dunkle Vocale folgen durch *gi* geschrieben
wird: *gihit* er erkennt an für *jihit; gêr* Jahr durchgängig
im Mon. für *jêr; Giudeo* Jude Hel. Mon. 5214 u. ö.; *giun-
garon* Jünger (plur.) 2801: *giármarmôde* betrübten Herzens
das.; in Folge dessen verflüchtigt sich in den Merseburger
Glossen die Vorsilbe *gi- ge-* geradezu zu *i*: *ilétene permissa* 19,
ivullistian adminiculari 22, *unimetes aliquid incommodum* 26.
idómde wêrden crudeliter addicantur 31: wozu sich ein *bôi
armos* für *bôgi* in den Straszburger Glossen 17 vergleicht.
Aber auch vor dunklen Vocalen und Consonanten wird anlautendes *g* nicht viel anders geklungen haben, da es im
Heliand in allen Lagen mit *j* alliteriert: es steht nicht nur
gêng: jungoron 2000, *gêst: jámar* 4757, sondern auch *godes:
Jordanes* 1159, *jungoron: gômon* 2088, *gôd: gode: Judeonô*
2138, und sogar *gumon: Jôsepe: grôneon* 757, *jungan: grabe:
godes* 2192 und ähnliches. Dem gegenüber scheint die Schreibung *gh*, die selten vorkommt (*Ghêliko* Freckenhorster Rolle
38, *Ghiclo* 166) die zum Teil noch bestehende alte gutturale
Aussprache des *g* anzudeuten. Für die letztere im Auslaute
sprechen die Schreibungen *gh*, *ch* und *c* der Freckenhorster
Rolle, von welchen die letztere an die im niederfränkischen
beobachtete Consonantenverstufung im Auslaute erinnert (§ 15, 4):
thritigh dreiszig 25, *thritich* 274, *fierthic* vierzig 210 in der
einen Handschrift, u. a.

Die Tenuis wechselt in der Schreibung zwischen *c* und *k*,
das letztere ist im Monacensis immer vor den hellen Vocalen
e und *i* gesetzt. Erweichung des *k*, wenn es auf *s* folgt, läszt
die in- und auslautende Verbindung *sg* entstehen, in dem *flêsg*
Fleisch, dat. *flêsgke* einer Beschwörungsformel, eine Verbindung
die sich häufiger in hochdeutschen Quellen findet, und der am
nächsten das *æschiad exigunt* Mers. Gloss. 40 kommt. Die

Schreibung *ch* will wahrscheinlich sonst vielfach keine Aspirata sondern nur den scharfen, bestimmten *k*-Laut bezeichnen, wie das obenerwähnte *gh* den gutturalen *g*-Laut; dasz sie im Auslaute neben dem letzteren sich findet, wurde eben erwähnt; inlautend ist sie gesetzt in *forsachistu* entsagst du, *forsacho* ich entsage des Taufgelöbnisses, und in *wrâchi* er möge rächen statt *wrâki* Hel. 5082. In dem Lehnworte *pascha* Ostern ist *ch* gewis gelehrte Schreibung für griech. χ; einmal kommt die Form *paska* (Hel. 5261) vor. Die Verbindung *kw* wird durch *qu* gegeben.

Die Spirans *h* hatte einen linden, hauchenden Laut, wenn nicht Consonantenverbindungen wie namentlich *ht* und *hs* im Inlaute und Auslaute ihn schärften; daher wird sie bisweilen für den sonst überall unbezeichnet gelassenen Spiritus lenis gesetzt, so in *mên-hêdôs* Meineide Heliand Mon. 1505, *helkor* anders für *elkor* 5079, *hiburilicuru* gebührlicher für *ibúrili-curu* aus *giburilicuru*, Merseburger Gloss. 12; andererseits unterdrückt, wo man sie in eigentlicher Stellung erwartet; anlautend weniger: *ûs* Haus für *hûs* Heliand Mon. 4543, *gi-eftid* für *giheftid* geheftet 5055, *self-êdiá* für *self-hêdiá per-sonarum* Merseb. Gl. 33, öfter aber im Inlaute, wo der Mona-censis *fâan* für *fâhan* fangen, *gêa* er spreche für *gêha*, *gisiu* für *gisihu* ich sehe u. anderes, Bedas Hom. 5. *wîeda* weihte für *wîheda* schreibt; selbst *hs* ist *s* geworden in der jüngern Handschrift der Freckenhorster Rolle: *ses* 507, *sesta* sechste 128, *sestein* sechzehn 70 u. ö., sonst *ss* (*wassad* wachsen für *wahsad* Gl. Arg. 59). Eine Verbindung, die im gothi-schen ziemlich häufig ist, *hw*, hat sich im altsächsischen im Anlaute durchgehends erhalten, im In- und Auslaute aber, wie in andern gleichzeitigen Dialecten, entweder zu einfachem *h* oder *w* aufgelöst: daher ist goth. *ahva* Wasser hier *aha*, goth. *nêhva* nahe *nâh*, goth. *brahv* Blinken *brâha* Braue, goth. *saihvan* sehen *sêhan*, wie goth. *sahv* sah *sah*; aber für die Optativform goth. *sêhveina* sie möchten sehen wird Hel. Mon. 594 *gisâwin* gewährt, wie sich dem goth. *leihvan* leihen gegen-über zwar der Infinitiv *farlîhan*, aber das Part. Prät. *farliwan* verliehen 573 findet. Umschlag eines alten *h* in *g* ist in einigen Präteritalformen ablautender Verben eingetreten, die unten § 19 aufgezählt sind.

2. **Palatale.** *j* hat kein eigenes Zeichen, sondern wird entweder durch *i* oder durch *g* geschrieben, vergl. oben §§ 13 u. 14, 1. Im Auslaute findet es, wie in andern deutschen Dialecten, keine Stelle, sondern wird in den entsprechenden Vocal *i* verwandelt, so dasz in den Formen *rîki* Reich, *kunni*

Geschlecht, *neri* rette (Imperativ) der Auslaut für die Palatale
j steht; in einigen Substantiven mit kurzer Stammsilbe ist auch
dieser Vocal geschwunden *(bed* Bette, goth. *badi* vom Stamme
badja, *net* Netz, goth. *nati*, Stamm *natja).* Auch für inlautendes *j*, das sich hier, gegenüber andern Dialecten, in gewissen
Fällen (§§ 22. 30) auszerordentlich gut hält und namentlich
durch Assimilationen nicht beseitigt wird, ist die alte consonantische Aussprache gewöhnlich nicht mehr, statt dessen
vocalische anzunehmen, denn neben der Schreibung *i* geht
die eines tonlosen *e*, so dasz für das gothische *nasjan*
retten hier *nerian*, aber auch *nerean*, für goth. *kunjis* des
Geschlechtes, *kunja* dem Geschlechte *kunnies* und *kunneas*.
kunnie und *kunnea* gefunden wird; Bestreben die zum Teil
noch haftende consonantische Aussprache anzudeuten, musz in
den Schreibungen *gethológean* dulden neben *tholóian*, *wakógeandi*
wachend für *wakóiandi* (Hel. Mon. 384) erkannt werden.

3. **Linguale**; *r* der ältere Laut, *l* eine jüngere Dif-
ferenzierung desselben, obschon in vorhistorischer Zeit gebildet.
Das *r* ist teils ursprünglich, teils in nachgothischer Zeit aus *s*
entstanden, so namentlich in Verbalformen, wie *wârun* sie
waren gegen *was* er war, *giwesan* gewesen; *gikurun* erwählten,
gikoran erwählt gegen *kiosan* wählen; *farloran* verloren gegen
farliosan verlieren; auch in pronominalen: *therâ*, *theru* der
(gen. dat. sg. fem.) goth. *þizós*, *þizai*, *therô* der (gen. plur.)
goth. *þizê*, *þizô*. Ausfall hat ein solches aus *s* entstandenes *r*
erlitten in *linón* lernen, ahd. *lirnên*, Abfall in den Pronominalformen *he* er, *hue* wer, *the* der, *thesu* dieser, *unca* (νωΐτερος),
inca (σφωΐτερος), *úsa* unser, *iwa* euer, und in der Vorpartikel
a- für *ar-*. Von seiner ursprünglichen Stelle umgesetzt und
an ein *s* nahe angeschlossen hat sich der *r*-Laut in *hers* Ross
einer Beschwörungsformel, sonst *hros*, und in *ferscangâ*, *vers-*
cungâ Frischlinge, junge Schafe oder Schweine, Freckenhorster
Rolle 123. 226, ahd. *frisking*.

4. **Dentale**. Während die Tenuis *t* sich von der Media
(bis auf die § 22 angeführten Fälle in der schwachen Conjugation) wie von der Spirans *th*, *đ* streng geschieden erhält,
sind die letzteren Laute, Media und Spirans, mehrfach in einander verflossen. Die Spirans erscheint in einer doppelten
Schreibung: das Zeichen *th* wird in allen kleineren Denkmälern, mit Ausnahme der Merseburger Glossen, ausschliesz-
lich verwendet; diese letzteren, sowie vorzüglich der Monacensis
des Hel., kennen dasselbe dagegen nur vorwiegend im Anlaut,
im In- und Auslaut haben sie, neben seltenem *th*, das Zeichen

d, eine Modification des Zeichens für die Media, und den lindern, der Media nahen Klang des entsprechenden Lautes andeutend: der Monacensis setzt in nachlässiger Schreibung oft auch geradezu *d*, er schreibt *létha* leidige, *lêdes* des Leides, *lêdlik* leidig. u. a., wo in der Heliand-Ausgabe eine einheitliche Schreibung (*d*) hergestellt worden ist. Eigentlichen Untergang dieser lindern Spirans zu Gunsten der Media beobachten wir nach *l* und *n*: goth. *alþs* alt, *alþiza* älter ist *ald, aldiro, halþs* kühn *bald, gulþ* Gold *gold, tunþus* Zahn *tand, finþan* finden *findan* geworden; bei Verlust des Nasals in letzterem Worte tritt die Spirans wieder hervor: Nebenform *fidan*. Ebenso steht dem goth. *munþs* Mund die Doppelform *mund* und *mûd* gegenüber.

Neben der Spirans *s* begegnet im Heliand mehrfach das Zeichen *z*, im Anlaute nur in dem fremden Eigennamen *Zacharias*, wo es mit *s* alliteriert, inlautend als Zusammenziehung von *ts* oder *ds*, wo die Heliandausgabe die Auflösung des Lautzeichens gesetzt hat, der Monacensis schreibt oft *bezt* für *betst* bester, auch *blizza, blitzea* für *blîdsea* der Freude (dat.).

Der dentale Nasal hat im Inlaute vor bestimmten Consonanten häufig Ausfall erlitten, nämlich 1. vor *s, st*: *ûs* uns, *fûs* bereit, ahd. *funs, kûst* Kunst (Hel. 2339), *gristgrimmo* Zähneknirschen (von *grindan* zermalmen); nicht in *anst* Gnade. *konsta* konnte, *farmanst* du verläugnest, *farmunsta* er verschmähte, *afonsta* misgönnte; 2. vor *d*: *kûd* kund, *mûd* Mund, *fidan* finden (immer aber *fand* ich fand, *fundun* sie fanden, *fundan* gefunden), *lîdi* lind, und zugleich mit Verdunkelung des vorhergehenden Vocals *ôdar* ander (neben seltenem *ádar*) goth. *anþar, sôd* wahr, altn. *sannr* neben *sadr*; nicht in *urkundeo* Zeuge, *tand* Zahn; 3. vor *f* in den Wörtern *fîf* fünf, *hâf* gelähmt, ahd. *hamf, sûfto* sanft. Man hat angenommen, dasz bei solchem Ausfalle der vorhergehende Vocal Ersatzverlängerung erfahre. Es bestehen indes Zweifel, und man darf namentlich fragen, ob die Unterdrückung des Buchstabens auch das völlige Schwinden des Lautes anzeige, oder ob nicht vielmehr der Nasal nur leise klang. Formen in denen derselbe bald geschrieben wird, bald nicht, wie *findan* und *fidan*; *kunst* neben dem nur einmal vorkommenden *kûst; mund* (Hel. 1293. 1903) neben dem gewöhnlichen *mûd*, weisen auf diese Auffassung hin, und wir haben, nach dem Vorgange Schmellers, bei ausgefallenem Nasal den vorhergehenden Vocal durch einen Acut bezeichnet, wenn er in einer Stammsilbe steht, in Endungssilben, wie z. B. in *neriad* sie retten, *salbôd* sie salben, goth. *nasjand, salbond*, aber unbezeichnet gelassen.

5. Labiale. Die Tenuis *p* ist im Anlaute selten und nur in Lehnwörtern vorhanden, im In- und Auslaute häufiger und auch in deutschen Wörtern erscheinend. *ph* findet sich im Eigennamen *Jóseph* (dafür *Jósep* Hel. 775), dessen Dativ und Genitiv doch durchgängig *Jósepe* und *Jósepes* lauten. Die Media *b* hat im In- und Auslaute nur einen beschränkten Platz, sie steht geminiert: *hebbian* haben, *libbian* leben, *sibbia* Blutsverwantschaft, *webbi* Gewebe; in der Verbindung *mb*: *kamb* Kamm, *lamb* Lamm, *émbar* Eimer, *timbrian* bauen, in der Verbindung *bd*: *libda* lebte, *gilibd* gelebt, *habda* hatte, *hóbdes* des Hauptes, *hóbde* dem Haupte, obschon auch die Form *hófde* einmal (Hel. 1513) vorkommt, ebenso wie neben dem *gilóbda* glaubte im Heliand *gilófda* Beichte 35 erscheint; oder endlich in fremden Eigennamen: *Abraham, Ébréó liudi, Jakob*. In allen andern Fällen ist sie der Spirans *f* und ihrem verschieden bezeichneten weicheren Nebenlaute gewichen, so dasz diese letzteren, neben ihrer eigentlichen Stellung vielfach auch die Vertretung einer altberechtigten Media haben, z. B. in *liof*, gen. *liobes* oder *lioves* lieb, liebes, *wif*, dat. *wibe* Weib, Weibe, *silubar* Silber, *ubil* und *uvil* übel und in vielen andern. Die Stellung der beiden spirantischen Laute scheint, trotz mehrfachen Schwankens in Handschriften, dennoch eine fest geregelte gewesen zu sein: das weichere *b* galt im Inlaute zwischen zwei Vocalen oder nach *r, l*: *derbi* böse, *halba* Seite. *áband* Abend, *klioban* spalten, *hóbid* Haupt, *hobôs* die Höfe; das *f* im Auslaute, im Inlaute dann, wenn Consonanten unmittelbar folgten: *hof* der Hof, *klóf*, prät. von *klioban*; *aftar* nach, *kraft* Kraft, *efno* zugleich, *kaflós* Kiefern, *twifli* zweifelnd; von *swéban* Traum ist, unter Ausfall des *a* der Endsilbe, der Dativ *swéfne*, dagegen, ohne diesen Ausfall, der acc. plur. *swébanos*, ebenso von *nebal* Nebel der Instrumentalis *nebulo* und *neflu*. Nur findet sich *frófra* neben *fróbra* Trost und öfter *lioblik* lieblich als *lioflik*. Die Bezeichnung des weichen spirantischen Lautes ist eine unterschiedliche: den Heliandhandschriften ist das Zeichen *b* eigentümlich, doch hat der Monacensis in nachlässiger Schreibung oft dafür *b* (wie er *d* für *đ* setzt), manchmal, obwol selten auch *v*: *an avu* für *an abuh* verkehrt 3932, *heovandi* für *heobandi* weinend 4028. Kleinere Denkmäler kennen nur *v*: *iegivan* gegeben Bed. 5, *hove* Hofe Freck. 2, *elleran* eilf das. 404, *gilóvian* glauben Beichte 35 u. a., selten *f*: *yéf* er gäbe Beda 3. Für *f* im Anlaute brauchen die kleineren Denkmäler ebenfalls öfters *v* (*róti* Füsze Straszb. Gloss. 56, *bevundan* befunden 85 u. a.), selten der Monacensis des Heliand: *bivoran* bevor 3675, *énvald*

3748. 3768 u. ö. — Ueber einen seltenen Wandel von *ft* in *ht* vergl. unten § 15, 3.

Die Spirans *w*, mit dem noch jetzt der englischen Sprache eigenen, vocalisch einsetzenden Klange, wird in den Handschriften meist durch *uu*, nach *h*. *d*, *th*, *s*, sowie selten im Anlaute auch durch einfaches *u* widergegeben *(hue* wer, *suart* schwarz für *hwe*, *swart)*; unsere Heliandausgabe hat dafür überall das bequemer zu lesende Zeichen *w* angewendet. Der eigentümliche Laut des *w* veranlaszt einigemal Verflüchtigung desselben in den Vocal *u*, die Beispiele sind § 7 aufgezählt; anderemal wenigstens Trübung des folgenden Vocals: *wola* für *wëla* wol Hel. 4434. 5013, *widerword* für *widerward* widerwärtig 4136, *twulif* zwölf neben *twilif*, Freck. Rolle öfter; wozu sich *workid* für *wirkid* er wirkt Psalmencomm. 37 und der Name *Athalword* neben *Athalward* in einem Werdener Register stellt; *wunnea* Wonne entspricht dem goth. *vinja* Weide, Futter. Auch Verbreiterung eines vorhergehenden *u* zu *au*, eines *i* zu *iu* veranlaszt ein inlautendes *w*, so dasz neben *hawan* hauen *hauwan* steht (in den Handschriften *hauuan* und *hauuuan)*, neben *glawan* den klugen *glauworó* der klugen (gen. plur.), neben *fiwar* und der mehr zerrütteten Nebenform *fior*, in welcher auch Vocalisierung des *w* eingetreten ist, *fiuwar* vier, und neben *iwa* euer *iuwa*. Gewichen ist *w* in *selida* Herberge, goth. *saliþvós*, und, zugleich mit Verdunkelung eines folgenden Vocals in *sêola* Seele, goth. *saivala;* wie inlautendes *w* in der ehemaligen Verbindung *hw* sich verhält, ist oben Nr. 1' erwähnt. Auslautendes *w* hat sich immer vocalisiert, zu *u* oder zu *o*: vom Stamme *sêwa* See entsteht der Nom. Acc. *séo*, vom Stamme *êwa* Gesetz Nom. Acc. *éu*, *éo*, von den Stämmen *triwa* Baum, *kniwa* Knie *trio* und *treo* und *knio*, *kneo*; von *glawa* klug *glau*; von *gariwa* bereit *garu* und *garo*, von *balwa* Uebel *balu* und *balo*. Selten ist der gänzliche Abfall eines auslautenden *w*, einmal steht Hel. 1152 der Acc. *sê* See. Im Bereiche der Declination und Wortbildung tritt es aber selbstverständlich inlautend wieder consonantisch heraus, daher die Dative *sêwa*, *êwa*, der Acc. *glawan*, der Plur. *glawa* und *glauwe*; nach Consonanten mit Vorschlag eines *u* oder *o*, daher gen. *balowes* des Uebels und *baluwes*, *garowes* des bereiten, plur. *garowa*, *gegaruwi* Ausrüstung neben der assimilierten Form *gigarwi*, *garuwian* rüsten.

Der labiale Nasal hat gegen andere verwante Dialecte insofern an Gebiet verloren, als das alte Casuszeichen -*m* des Dativ pl. hier fast durchaus in -*n* gewandelt ist: ags. *dagum*, fries. *degum* und *degem* hier *dagun*, u. ähnl.

6. **Uebergang von Muten in Spiranten.** Ein altes Gesetz, dasz vor dentalen Muten sich jede Mute in die Spirans ihres Organs wandelt, während der folgende Dental zu *t* wird, dasz demzufolge alle gutturalen Muten und Dentale zu *ht*, alle dentalen zu *st*, alle labialen zu *ft* werden, ist im altsächsischen nur noch zum Teil in Geltung. Streng allerdings in Bezug auf die Gutturalis *k*, die mit einem folgenden *d* oder *t* zusammen stets zu *ht* wird, in Wortbildung und Conjugation: von Wurzel *thank*, inf. *thenkian* denken und dem nominalbildenden Suffixe *-di* entsteht der Stamm *githâhti*, nom. *githâht* Gedanke; von *sôk-ian* suchen wird mittels eines zu *-da* zusammengeschrumpften Hilfsverbums das Präteritum *sôhta* gebildet, ebenso von *wekk-ian* wecken *wahta*, zu *wirk-ian* wirken *warhta*, von *thunk-ian* dünken unter Schwinden des Nasals *thâhta*, ebenso von *then-kian* denken *thâhta*. Nicht gleich streng aber in Bezug auf gutturale Media, sowie die Dentalen und Labialen, nämlich hier nur im Falle der Wortbildung und alter Formen der Conjugation: so bildet sich von Wurzel *wit* wissen und jenem Hilfsworte *du* das Prät. *wista*, und mit vollständiger Angleichung des folgenden an den vorhergehenden Consonanten, *wissa*; von Wurzel *mag*, inf. *mugan* vermögen ist gleicherweise das Prät. *mahta*, von *buggean* kaufen prät. *bohta*, part. prät. *geboht* formiert; von Wurzel *gab* geben, inf. *gëban*, und dem nominalbildenden Suffixe *-di* entsteht Stamm *gifti*, Nom. *gift* Gabe, wie von der Wurzel *drug*, inf. *driogan bellare* und gleichem Suffixe Stamm *druhti*, Nominativ *druht* kriegerische Schaar, u. a. Neben *wêt* ich weisz, *môt* ich kann, laufen die mit dem Personalsuffixe *-t* gebildeten Formen der 2. sg. *wês-t*, *môs-t*. In den Fällen, wo die Zusammenrückung zweier Consonanten der bezeichneten Art nur in Folge neueren Sprachlebens stattfindet, hält dagegen jeder Consonant seinen ursprünglichen Lautwert fest, so namentlich in der Präteritalbildung schwacher Conjugation: von *wêg-ian* quälen heiszt es *wêgda*, von *lêdian* leiten *lêdda*, von *libbian* leben *libda*, von *bôtian* bessern *bôtta* (für *bôtda*, § 22), nicht *bôsta* u. a.

7. **Gemination.** Zu den Fällen, in denen die Gemination inlautender Consonanten (von der die der Gutturalmedia bisweilen in die Tenuis übergeht: *roggon* und *rokkon* des Roggens in der Freck. Rolle, *rukkin* von Roggen daselbst) der der verwanten Dialecte vollkommen entspricht, tritt eine Eigenheit des altsächsischen, die namentlich beim Verbum sich zeigt, weniger am Nomen: ein *j* der Bildungssilbe verdoppelt den vorhergehenden Consonanten. Dem goth. *hatjan* hassen entspricht hier *hettian*, *hettean*, goth. *rakjan* recken *rekkian*

auseinandersetzen, dem ahd. *queljan* quälen *quellian*, dem goth.
viljan wollen *willian*, zu *bed* Bett findet sich der Instr. *beddiu*,
zu *giwit* Verstand der gen. *giwitteas*, dat. *giwittea*, gen. pl. *gi-
witteö*. Diese Verdoppelung weicht, so bald, wie diesz namentlich in
einigen Formen der Conjugation statt hat, *j* zu *i* wird: daher
von *rekkiun* prät. pl. *rekidun*, von *quellian quelidun*, von *tellian*
sagen *telis* du sagst, wie von *willian wili* er will. In einigen
Fällen ist die Verdoppelung nicht eingetreten, namentlich des
r nicht, es bleibt *skerian* verteilen, *nerian* retten, *werian*
wehren; auch *tholian* dulden, als Nebenform zu *tholón*. —
Auslautende Gemination vereinfacht sich: zu *winnan* leiden ist
das Prät. *wan* er litt, wie vom Stamme *ginrinna* der nom.
gewin Arbeit, zu *thrimman* schwellen prät. *thram*, zu *rinnan*
rinnen *ran*, zu *fallan* fallen prät. *fél*, zu *wallan* wallen
wél, u. a.

8. **Wechsel von Spiranten.** Von Spirantenwechsel
in Bildungssilben ist zu erwähnen, dasz für goth. *frauja* Herr
sich ungefähr gleich häufig die Formen *fröho* (auch *fráho*) und
fröio finden, für ahd. *sájan* säen neben der gewöhnlichen
Form *sáiun* auch einmal *séhan* (Hel. Mon. 2389) geht, während
an demselben Worte die Spirans *w* vocalisiert in dem Prät.
séu hervortritt. Wenn man für die Neunzahl, deren ursprüngliche und altindische Form *navan* ist, hier die Form *nigun*
trifft. so liegt Uebertritt der Spirans *w* in die Spirans *j*, durch
g ausgedrückt, vor; ebenso ist zu beurteilen die Infinitivform
nigean erneuen, die einmal (Hel. Mon. 1430) für *niwian*
begegnet, sowie der Dativ *nigemo* neuem Freckenh. Rolle 475
für *niwemo*.

§ 15.

Altniederfränkische Consonanten.

Die altniederfränkischen Consonanten sind im Ganzen
auf dem Fusze der altsächsischen, Abweichungen im Einzelnen,
die hier verzeichnet werden sollen, treffen mehr die westlichen
als die Werdener Denkmäler.

1. **Gutturale.** Einschiebung einer Tenuis zwischen
anlautendem *s* und *l* ist eine Eigentümlichkeit aller altniederfränkischen Denkmäler, mit Ausnahme der Cottonischen Heliandhandschrift: der Werdener Psalmencommentar hat *sclápun*
schlafen, *sclahid* er schlägt, *gisclahed* sie schlagen, die Psalmen
und Lipsiusschen Glossen *sclip* schlief neben *slip*, *sclot* Schlosz,

das von Weinhold bearbeitete fränkische Gesprächbüchlein
scláphen schlafen, *ensclêphen* schliefet. Ob der Uebergang der
Verbindung *sc* in *sch*, die nur einigemal in den Psalmen und
den Lips. Glossen begegnet *(beschirmedôs protexisti* Ps. 63, 3.
yischein apparui 62, 3. *underschid distinxit* Gl. Lips. 1078)
alt oder nur durch den neuern Abschreiber dieser Denkmäler
eingeschleppt ist, läszt sich nicht entscheiden. Tenuis ist gewichen in *sal* soll, *sulun* sollen der Psalmen und Lipsiusschen
Glossen gegen *scal, sculun* der Werdener Denkmäler; erweicht
zu *g* in *beceigneda signata* Gl. L. 79, *sig* sich, *unsig* uns (ags.
ûsic) der Psalmen.

Manche Verrückung seiner ursprünglichen Stellung hat
in- und auslautendes *h*, namentlich in den Psalmen, erlitten.
Abfall eines auslautenden *h* fast durchgängig in der Präp. *thuro*
durch der genannten Denkmäler, dem sich die Form *thuru*
der Werdener Denkmäler zur Seite stellt, ebenso wie in
thio femur Gloss. Lips. 914, ahd. *dioh; fera* Leben für
ferah Heliand Cott. 4893. 5705. Inlautend zwischen zwei
Vocalen ist es häufig ausgefallen: *gesiet* er sieht, *gesian* sehen
Ps. 57, 11. 73, 9; *sia* Sehe, Augapfel Gloss. L. 826; *hôi* Höhe;
irhôdistu erhöhtest du Ps. 60, 3; *hôista altissima* 70, 19;
wîun weihen, *gewiet* geweiht; *wiunga benedictio* Gloss. Lips.
1060; *liet* er leiht 637; *flien fugiant, fliende fugiens* Ps. 59, 6.
54, 8; *giet confitetur* Gl. L. 516, neben *begian* und *beîan confiteri* 85, 87; ein Ausfall, der wiewol selten auch vor *t* und *s*
eintritt: *in vorton* (für *vorhton) in timore* Ps. 2, 11; *fortin
sal ik timebo* 55, 4; *te niewete ad nihilum* 57, 8; *wasmo
fructus* neben *wahsmo* 57, 12, und der sich einigemal
auch bei der Media *g* zeigt in *eislik* Ps. 65, 3 neben *egislik*
65, 5, und in *geneian declinare* für *geneigan* Gloss. Lips. 340.
Oft auch hat sich inlautendes und auslautendes *h* zu *g* ver-
härtet: neben *gewîen* für *gewihen* weihen steht *gewigen* Ps.
71, 15, part. prät. *gewigit* 65, 19; *gesig* sich 58, 6, *gesag*
sah 54, 10, *geságon* sahen 57, 9; *rislag occidas* 58, 12;
begigan confiteri statt *begihan* Gloss. Lips. 86; *thôg* für *thôh*
634; es reicht dieser Vorgang hinüber bis in den Werdener
Psalmencommentar, wo *thurug* durch Zeile 55 begegnet. Die
Verhärtung geht weiter bis zur Wandlung eines aus- und inlautenden *h* zu *k* in *thuruc propter* Gl. Lips. 935, *genácon*
nahen, *ginácónt* sie nahen, *ginêkeda* nahte Ps. 54, 19. 22. 63, 8,
woneben *náio* nahe Ps. 72, 2, in welcher Form die ursprüngliche gutturale Spirans durch die palatale vertreten ist (vergl.
§ 14, 8). — Die Werdener Denkmäler nehmen an jener Verhärtung des *h* zu *g* auszerhalb des einen angeführten Falles

nur insoweit Teil, als sie den § 14, 1 erwähnten Uebertritt des ersteren Lautes zu letzterem in Präteritalformen ablautender Verben aufweisen. Wol aber ist hier die Vertretung eines alten inlautenden *hw* teils durch *h* teils öfter durch *w* eine ausgedehnte und in mehr Beispielen, als im altsächsischen bezeugt: von *sëhan* ist die Präteritalform *sáwun* sie sahen, *gisëwan* geschen (gegen gewöhnliches alts. *sáhun, gisëhan*) dem Hel. Cott. eigentümlich, ebenso heiszt es von *farlihan* verleihen immer *farliwi* er verliehe, *farliwan* verliehen, und gegenüber alts. *bráha* Braue steht hier *bráwa*.

Häufig vorkommende anlautende Verbindungen sind im altsächsischen *hr, hl, hn, hw*. Diese dauern niederfränkisch in den Werdener Denkmälern, in den westlichen aber haben sie sich zu einfachem *r, l, n, w* gewandelt: *ring* orbis, dort *hring*; *loupan* laufen, dort *hlôpan*; *neigan* declinare, dort begegnet verwantes *hnigan*; *wit* weisz, dort *hwit*. Nur in dem *huô* quomodo der Psalmen hat sich vereinzelt die Verbindung *hw* erhalten, doch kommt auch *wô* vor.

Der gutturale Nasal ist ausgefallen oder wahrscheinlicher nur unbezeichnet gelassen (§ 13) in *getngel linguosus* für *getungel* Gloss. Lips. 461. *gethwic, gethwig disciplina* 518 neben *gethwing* 465, *jungelig* Jüngling Ps. 67, 28, *hategon aemulatione* Gl. L. 551 gegen *hatongon iracundiam* 554, *refagmussi redargutiones* 760 gegen *refangan arguere* 759, *tilogon exercitatione* für *tilungon* 945. Umgekehrt findet er sich eingeschoben in *wolangis utinam* Gl. L. 1061 neben *woligis* 1063.

2. **Dentale.** Die Schreibung *d* neben *th* für In- und Auslaut (§ 14, 4) kennen nur der Cott. und Werdener Heberegister, die andern Denkmäler brauchen nichts als *th*. Wechsel zwischen *th* und der Media *d* ist zu beobachten in *withar* und *widar* wider, Ps. 65, 7. 67, 7, *quëthan* sagen, prät. *quad* der Psalmen, ob ähnlich von *wërthan* das prät. *ward* lautete, dafür fehlen Beispiele. Wenn neben *quad* von *quëthan* sagen auch der Imperativ *quit* Gl. L. 738 und das prät. *quat* Ps. 2, 7 begegnet, so spielt hier die unten 4 geschilderte Consonantenverstufung mit ein. In *furtheridôs perdidisti* Ps. 72, 27, scheint ebenso schlechte Schreibung für *farteridôs* vorzuliegen, wie in *scëllon verticem* Gl. L. 798 für und neben *sceithlon* Ps. 67, 22: ob auch in solcher Weise *irliothe* illuminet Ps. 66, 2 für *irliohte* steht, möchte nicht ohne weiteres anzunehmen sein. Denn es begegnet Ps. 54, 6 die Form *forthta* für *forhta* timor, in welcher die Gutturalspirans *h* durch die Dentale *th* ersetzt ist, ein Fall der auch ins altsächsische *(ommathta* dem Amte viermal

in der Freckenh. Rolle 557—561) und ins spätere angelsächsische hinüberspielt; so dasz jenes *irliothe* auch ungenaue
Schreibung für *irliothte* sein kann. — Media *d* und Tenuis *t*
sind in einigen von den Psalmen gewährten Zusammensetzungen
gewichen: *guolic-heide gloria* neben *gnodlicheide, gnoliki gloria,
guolikon glorificari; rehliko justus* neben *rehtlika justificata,
rehnussi* und *rihnussi justitia* neben *rehtnussi*. Die Tenuis hat
sich zu Gunsten eines *d* oder *th* verloren in *wad* was mit der Nebenform *wath* Ps. 2, 1, und in dem *ûth* aus des Werdener Psalmencommentars 62. — *z* für niederdeutsches *t* begegnet häufig in
den ersten drei Psalmen, die hochdeutschen Einflusz zeigen (§ 13),
einigemale auch in Psalm 18 *(rôpizôt eructat, luzzilun par-
vulis)* und 54 *(fan luzzilheide a pusillanimitate)*, sowie in den
dazu gehörigen Lips. Glossen, bisweilen auch durch *c* ausgedrückt *(becêlnôt signatum* Gl. L. 75); in der Cottonischen
Handschrift des Heliand ist dagegen *z* immer nach § 14, 4
zu beurteilen. — Gegenüber vielfachem Ausfall des dentalen
Nasals im altsächsischen (§ 14, 4) hält derselbe hier sich
besser, vorzüglich in den Psalmen, wo *uns* uns gegen alts.
ûs, munt os gegen alts. *mûd, kunt* bekannt gegen *kûd, kundan*
verkünden gegen *kûdian* begegnen, wiewol auch Gl. Lips. 286
die Form *farkûtha abominabiles* steht. In Werdener Hebe-
registern wechseln die Namensformen *Meginswid* und *Mên-
swind, Reinswid* und *Reinswind*. Auch der Cottonianus kennt
zweimal die Form *andar alius* neben gewöhnlichem *âdar*
und *ôdar*.

3. **Labiale.** Wie der Monacensis, braucht der Cottonianus für die beiden Stufen der Spirans die Zeichen *f* und
b, letzteres sogar öfter als jener und bisweilen auch im Auslaute *wib, liob* für *wif, liof)*. Der Werdener Psalmencommentar,
sowie die Psalmen und die Lipsiusschen Glossen haben statt
des *b* inlautendes *v*, welches Zeichen dann und wann auch im
Anlaute statt *f* auftritt. Im Uebrigen ist die Stellung der
linderen und härteren Stufe der Spirans wie im altsächsischen
geregelt, und die Stellung der Media *b* wesentlich wie dort
eingeschränkt, doch steht *sibta* siebente in einem Werdener
Heberegister, *arbeithis tribulationis* Ps. 58, 17, *arbeide tribu-
latione* 54, 3 u. ö.; und wider *gifa* Gabe für *giba* Heliand
Cott. 654. Die Verbindungen *ft* (für die *pt* in *scepte* dem
Schafte Gl. L. 794 und *pft* in *scepfti sagittas* 795 nur ganz
vereinzelt auftritt) und *ht* des In- und Auslautes schwanken
in einander über, der Cottonianus hat 38 *craht* Kraft, die
Lips. Gloss. 234 *eht vero* für *eft, senihti* Milde 816 für *senfti,
857 stihtan aedificare* für *stiftan, 579 hohtnôdi* (pl.) *captivi-*

tatem, ags. *häftnyd*, und umgekehrt 206 u. ö. *druftin do-*
minus für *druhtin. gesifte visione* 454 für *gesihte*. Dasz *th*
ebenfalls für *ht* sich findet, ist oben Nr. 2 erwähnt. Ob das
zweimal bezeugte *thurthic egenus* (Ps. 69, 6. Gl. L. 931)
nur Schreibfehler für *thurftic* sei, oder ob es dem angegebenen
Wechsel gemäsz für *thurhtic* oder gar für *thurthtic* stehe, wird
sich nicht entscheiden lassen. — Das altsächsische nimmt an
diesem Wechsel nur beschränkt Teil, insofern hier wol *ft* in
ht bisweilen übergeht *(eht* für *eft* Freck. Rolle 344. 475. 542.
ahter nach für *after* Bed. 13, wozu zu vergleichen *ohtho* oder
für *efdo* Hel. Mon. 3630), nicht aber umgekehrt. Für den
labialen Nasal ist *b* eingetreten, in *bit* mit, nur Ps. 2, 11. 3, 4;
aus der Verbindung *bn* aber ist *mn* entstanden in *emnista*
aequissimum Werdener Psalmencomm. 66, Superlativ von *ebun*
oder *eun*, eben, gleich.

4. **Verstufung der Consonanten im Auslaute.**
Ein Gesetz, welches den Uebertritt einer Media, wenn sie in
den Auslaut tritt, in Tenuis bedingt, ist in Bezug auf Dentalen
in den Werdener Denkmälern ziemlich häufig, in den Psalmen
aber genau durchgeführt. Werdener Register haben *en alt*
giuërki altes Werk für *ald giuërki*, der Hel. Cott. gibt die
Endung *-id, -ód, -ad* am Verbum mit Vorliebe durch *-it, -ót, -at*
wider: *farlâtit* er verläszt 3454, *gilônôt* gelohnt 3160, *hebbiat* sie
haben 5354 u. oft; auch *tharot* dorthin für *tharod* 456 begegnet, und es nimmt der Monacensis bisweilen, doch selten,
an dieser Verstufung Teil, die sich weiter nicht erstreckt. In
den Psalmen aber wird jede Dentalmedia zur Tenuis, wenn sie
in den Auslaut tritt; daher *got Deus* gegen *godis Dei*; *tit*
tempus 68, 4 gegen *tide tempore* 70, 9; *gebět* Gebet öfter
gegen *gebëde orationi* 60, 2; *dôt mors* 54, 16 gegen *dôdis*,
dôde öfter; *behaldun* behüten, aber *behalt mi salru me* 70, 2,
bihielt mi salvavit me 54, 17, u. a. Nicht so genau ist diese
Verstufung durchgeführt im Gebiete der Gutturalen, wo sie
der Cottonianus nicht kennt (in Werdener Registern der Name
Craline statt *Craling*), die Psalmen sie nur bisweilen eintreten lassen: *intfink suscepit* Ps. 3, 5 gegen *intfieng* 62, 9;
heilic-duom sanctuarium Ps. 73, 7 gegen *heilig sanctus* oft;
gethwic disciplina neben *gethwig* 518 und *gethwing* 465;
gehugdic memor Ps. 73, 2 neben *gehugdig* 62, 7 u. a.; dafür
begegnet auch, anklingend an angelsächsische Weise, die Ver-
wandlung einer auslautenden Gutturalmedia in Spirans *h*. z. B.
in *weh* Weg Ps. 1. 6. 18, 6 neben *weg, manoh-fald, multiplex*
Ps. 67, 18, was auf *manoh multus* schlieszen läszt, wie *creftih*
mächtig Ps. 64, 4 für *creftig* steht (auch Heliand Cott. 2530

hat *mah* für *mag* kann); und wenn in den Psalmen neben *sig* sich, *unsig* uns die Formen *mih*, *thih* laufen, so sind diese letzteren jedenfalls aus *mig, thig* verändert. Ob sich die geschilderte Verstufung auf die Labialreihe erstreckt, in den wenigen Fällen wo die Media eine entsprechende Stellung einnimmt, dafür entgehen Beispiele.

5. Gemination. In den Psalmen und den dazu gehörigen Glossen wird die Gemination einer Media verschieden ausgedrückt, zum Teil durch Zeichen, welche eine gewisse Gleichgiltigkeit gegen scharfe Sonderung der Tenuis und Media verraten, die auch sonst durchblickt (vgl. *san-da* und *san-ta* er sante): für *dd* begegnet auszer dieser Schreibung auch *td* und *tt:* dd in dem aus *behabda* assimilierten *behadda obtinuit* Gl. L. 90, *td* in *an mitdon in medio* Ps. 54, 11 u. öfter; *gemitdelôn dimidiare* Ps. 54, 24, *tt* in *fan mitton de medio* Ps. 56, 5, *hatta tenuit* 72, 6; neben *gg* in *ruggi* Rücken, *gehuggon* denken auch *kg* in *rukgi dorsum* Ps. 68, 24. Neben der vorhandenen Gemination *bb (libban* leben öfter, *anthebbu prohibebo* Gl. L. 37) ist Vereinfachung derselben eingetreten in *libenderô riventium* Ps. 55, 13. *hevon* heben Ps. 62, 5, wie auch *gg* sich vereinfacht in *rugis dorsi* Ps. 67, 14. Gemination der Gutturaltenuis, *cc, ck* und *kk* geschrieben, ist in *guolikkeide gloria* Ps. 56, 6, durch Assimilation aus *guolik-heide* (67, 35) entsprungen, welche Form neben einer andern, *guolih-heide* steht, in der umgekehrt *h* auf den vorhergehenden Consonanten assimilierend gewirkt zu haben scheint. Ebenso ist aufzufassen *arh-heide nequitiam* Ps. 72, 8 neben *arc-heide* 54, 16.

Der in § 14, 7 erwähnte Einflusz eines inlautenden *j* auf die Verdoppelung vorhergehender Cosonanten findet sich ganz gleich wie im altsächsischen auch in den Werdener Denkmälern, nicht aber in den Psalmen, wo *j* durch Assimilation, wie im ahd. und ags., gewichen ist *(tellan* sagen gegen *tellian*, *gehuggan* denken gegen *gihuggian* u. a.).

Auslautend vereinfacht sich wie im altsächsischen die Gemination, doch gibt es im Cottonianus manche Fälle, die gegen dies Gesetz verstoszen: *all* 4638, *all-mahtig* allmächtig 1768, *hwann* wann 4291, *will* will 4442, *thitt* diesz 4158 u. a. Ob die Psalmen sich dem Brauche der Werdener Denkmäler anschlieszen, steht nicht fest ; wenn von *fallan* fallen hier das Prät. *fiel* (54. 5) begegnet, so steht auch der Plural *fielon* ohne geminiertes *l* (gegen alts. *fêllon)* und weist darauf hin, dasz Gemination zum Teil nach andern Gesichtspunkten steht oder weicht: sie weicht nach einer Länge, aber sie wird auch gesetzt, um eine vorhergehende Kürze zu bezeichnen, ohne etymologische Berechtigung, z. B. in *witton* wissen Ps. 58, 14.

    6. **Wechsel von Spiranten.** Inlautendes *j* ist an die Stelle von *h* getreten in *nâio paene* Ps. 72, 7, ahd. *nâho;* inlautendes *h* an Stelle von *w* in *kneohon* den Knien (Hel. Cott. 5953), wo man nach dem Sing. *kneo* Knie, *kniwes* oder *kniuwes* des Knies, den Dat. *kniwun* oder *kniuwun* erwartet hätte.

Zweiter Abschnitt.

Formenlehre.

---

§. 16.

Conjugation. — Allgemeines.

Der altsächsische und altniederfränkische Dialect hat am Verbum ausgeprägt:

1. ein Genus, das Activum; das Passivum und Medium kann nur durch Umschreibungen ausgedrückt werden;

2. zwei Tempora, Präsens und Präteritum. Das Präteritum diente ursprünglich und dient zum groszen Teile auch noch in den erhaltenen Denkmälern für jede Art der Vergangenheit, daneben macht sich doch auch das Bestreben geltend, feinere Zeitunterschiede, wie Perfect und Plusquamperfect, durch Umschreibungen mit Hilfsverben zu geben. Das fehlende Futurum wird durch das Präsens mit vertreten, soweit nicht auch hier Umschreibung mit Hilfsverben eintritt;

3. drei Modi, Indicativ, Optativ, Imperativ. Der Optativ hat zugleich die Stelle eines Conjunctivs zu vertreten. Der Imperativ ist nur im Präsens vorhanden, und hat beschränkte Personenbildung;

4. zwei Numeri, Singular und Plural. Der einst vorhanden gewesene Dual ist am Verbum erloschen, aber am persönlichen Pronomen der 1. und 2. Person erhalten, so dasz entsprechende duale Verhältnisse durch solche Pronomina in Verbindung mit verbalen Pluralformen widergegeben werden.

Hierzu treten noch drei nominale Bildungen:

5. ein Infinitiv,

6. ein Particip des Präsens in activem Sinne,

7. ein Particip des Präteritums in passivem Sinne.

3*

Die Tempora und Modi bilden sich zunächst aus den
Tempusstämmen des Präsens und Präteritums durch Personal-
und Modalsuffixe. Personalsuffixe sind mit der bezüglichen
Verbalform verwachsene, trümmerhafte persönliche Pronomina,
die in manchen Fällen sogar ganz abgefallen sind: im altsächsischen und in den Werdener Denkmälern hat die 1. sg.
indicat., die 1. und 3. sg. optat., die 2. sg. imperat. präs., im
Präteritum der gesamte Singular indicat., und die 1. und
3. optat. kein Personalsuffix mehr, während auszerdem die
Formen der 1. und 2. plur. des Indicativs und Optativs im
Präsens wie im Präteritum, hier, nicht aber in den Psalmen,
untergegangen sind und durch die 3. plur. mit vertreten
werden. Das Personalsuffix der 3. plur. des Präsens im Optativ
hat gegen das des Indicativs eine etwas modifizierte Form. Ein
Modalsuffix tritt nur am Optativ des Präteritums noch scharf
als *i* hervor, im Präsens desselben Modus ist es verwittert
und nicht mehr zu erkennen.

Nach der Art wie die Tempusstämme sich bilden, unterscheidet man drei Hauptklassen von Verben. Die einen hoben
in früherer Zeit ihr Präteritum durch Reduplication der Verbalwurzel hervor, indesz hat sich später Reduplications- und
Wurzelsilbe in éine zusammengezogen; die andern scheiden
ihre Tempusstämme durch Vocalwechsel innerhalb der Wurzel
(Ablaut); die dritten endlich bilden nur einen Tempusstamm
des Präsens und schaffen sich ihr Präteritum durch Composition
mit einem Hilfszeitworte. Die ersteren beiden Classen sind
nach Grimms Vorgange **starke**, die letzte Classe **schwache**
Verben genannt worden.

§ 17.

Reduplizierende Verben.

Die Wurzel der hierher gehörigen Verben, die stets durch
Position oder Vocal lang ist, bildet sich zum Tempusstamm
des Präsens durch Zutritt des demonstrativen Elements *a*,
selten eines *ja*, aus (Wurzel *hald* halten, Präsensstamm *halda-*,
Wurzel *hlóp* laufen, Präsensstamm *hlópa-*), das in einem Falle
(1. sg. ind.) als Nachwirkung des früher folgenden, nasal an-
hebenden Personalsuffixes zu *u* verdumpft ist (§ 3), in andern
(2. 3. sg.) vor noch bestehenden Personalsuffixen sich zu *i*
schwächt, in einem dritten endlich (2. sg. imper.) ganz abfällt.
Als Präteritalstamm fungierte einst die reduplizierte Wurzel.
Die Reduplication hatte sich jedoch bereits in gotbischer Zeit

von alter Weise entfernt, dadurch dasz nur der consonantische
Anlaut der Wurzel mit einem steten Reduplicationsvocal *ai*
widerholt und vor die Wurzel gesetzt ward *(halda — haihald)*.
Anknüpfend an diese Weise, die einst allen germanischen
Stämmen gemeinsam gewesen sein musz, hat sich in den
späteren Dialecten, also auch im altsächsischen und altniederfränkischen, eine Zusammenziehung ergeben, bei der die Re-
duplications- und die Wurzelsilbe unter Verlust des Anlauts
der letzteren in éine verschmolzen; und zwar der Art, dasz im
altsächsischen bei Verben mit wurzelhaftem *a*, *á* und *é*, nach
der Reduplicationssilbe, deren Diphthong, ursprünglich *ai*, sich
in *é* zusammengezogen hat, nur noch der consonantische Wurzel-
auslaut zum Ausdruck gelangt (von Wurzel *hald* halten Prät.-
Stamm *hé-ld* aus altem *hai-hald*, von Wz. *lát* lassen *lé-t*, von
Wz. *hét* heiszen *hé-t)*, während bei den Verben mit wurzelhaftem *ó* dies letztere in der Weise nachwirkt, dasz aus ihm
und dem Reduplicationsvocal zusammen der Diphthong *io*, *eo*
sich bildete (Wz. *hlôp* laufen, Prät.-Stamm *hliop*, *hleop*, goth.
hlaihlaup, Wz. *wôp* weinen, Prät.-Stamm *wiop)*. Die Werdener
Denkmäler schlieszen sich im ganzen an die altsächsischen an,
nur dasz bei Verben mit wurzelhaftem *á* und *é* im Prät.-
Stamme gewöhnlich die Zusammenziehung *ie* auftaucht (Wz.
hét heiszen, — *hiet)*. Die Psalmen kennen bei allen reduplizierenden Verben nur die letztere, die auch weiter zu
bloszem *î* zurückgehen kann (Wurz. *fang* fangen — *fieng*
und *fing)*.

Nach den verschiedenen Wurzelvocalen sind fünf Gruppen
solcher Verben aufzustellen.

I. Die Wurzel hat *a* vor doppelter Consonanz; nur
in Nr. 6 hat sich frühere Consonantenverbindung zu *w* vereinfacht. Hierher gehören folgende Verben:

Präs.-Stamm.	Prät.-Stamm.	
1. *falla-* fallen.	*fël-*,	Ps. *fiel-*.
2. *ganga-* gehen.	*gêng-*,	„ *gieng-*.
3. *halda-* halten.	*héld-*,	„ *hield-*.
4. *walda-* walten.	*wéld-*,	„ *wield-*, *wild-*.
5. *walla-* wallen.	*wél-*.	
6. *hawa-* hauen.	*héw-*,	Ps. *hiew-* (Vocalisierung des

w im Auslaute nach § 14, 5).
Auszerdem folgende, von denen die Denkmäler aus dem
Prät.-Stamm gebildete Formen nicht gewähren:

    7. *blanda-* mischen,

    8. *skalda-* stoszen,

und, nur für die Psalmen,

9. *fanga-* fangen, Prät.-Stamm *fieng-* und *fing-*, dem gegenüber die Werdener und altsächsischen Denkmäler die Formen *fâha-* und *feng-* gewähren. Das noch hierher gehörige 10. *hâha-* oder *hanga-* hange kommt nur im Heliand im Passiv-Particip *bi-hanga-n* behangen vor, und läszt vermuten, dasz seine Formenverhältnisse die gleichen wie bei Nr. 9 gewesen seien.

II. Der Wurzelvocal ist *â* vor einfacher Consonanz, hervorgegangen aus kurzem *a* und einem dahinter weggefallenen Consonanten (§ 3). Hierher gehören:

Präs.-Stamm.	Prät.-Stamm.
1. *an-drâda-* fürchten.	*-drêd-*, Cott. *-dried-*.
2. *lâta-* lassen.	*lêt-*, Cott. u. Ps. *liet-*.
3. *râda-* raten.	*rêd-*, Cott. *ried-*.
4. *slâpa-* schlafen.	Ps. *slîp-*.
5. *sâia-* säen.	*sêw-* (Spirantenwechsel, § 14, 8).

Auszerdem 6. *grâta-* weinen, dem goth. *grêta-* entsprechend, aber nur durch das Prät. *griat* und *griot* Hel. 4072 gewährt, und, nur in den Psalmen
7. *far-wâta-* verfluchen,
von dem Formen aus dem Prät.-Stamm gebildet nicht begegnen.

III. Die Wurzel hat die Länge von *a, ô*, altniederfränkisch *uo*. Hierher:

Präs.-Stamm.	Prät.-Stamm.
1. *hrôpa-*, *hruopa-* rufen.	*hreop-*, *hriop-*, Ps. *riep-*.
2. *wôpia-* weinen, Ps. *wôpa-*.	*wiop-*, *weop-*, „ *wiep-*.

Auszerdem
3. *flôka-*, *fluoka-* fluche.
von dem der Prät.-Stamm unbelegt ist.

IV. Die Wurzel hatte einst den Diphthongen von *i, ai*, welcher in den Psalmen als *ei* (neben *é*) hervortritt, in den Werdener und altsächsischen Denkmälern stets zu *é* zusammengezogen ist. Hierher:

Präs.-Stamm.	Prät.-Stamm.
1. *héta-* heisze.	alts. *hêt-*, altnfr. *hiet-*.
2. *skêda-*, Ps. *scéthu-* u. *sceitha-*.	Ps. *skieth-* u. *skid-*.

scheide.
Auszerdem vielleicht noch
3. *bi-knéga-* erwerben,
von dem aber nur einmal die Infinitivform *bi-knéga-n* Hel. 1310 begegnet.

V. Die Wurzel hatte einst den Diphthongen von *u, au,*
der in den Ps. als *ou* und *ô,* in den Werdener und den altsächsischen Denkmälern aber stets in der letzteren Gestalt
auftritt. Hierher:

Präs.-Stamm.	Prät.-Stamm.
1. *hlôpa-,* Ps. *loupa-* laufen.	*hliop-,* Ps. *liep-.*

Auszerdem

2. *stôta-* stoszen,
3. *ôka-* vermehren,
4. *ôda-* zeugen,

von denen Formen aus dem Prät.-Stamme gebildet, nicht begegnen; fraglich ist, ob *brôka-* krümmen, von dem nur das
Passivparticip, Hel. Cott. 5594 in unsicherer Lesart, vorkommt,
hierher gehört.

Die Formenbildung von diesen Stämmen geschieht auf
die gleiche Weise wie die der ablautenden (§ 19). Das
Passivparticip ist nicht von dem Prät.-Stamme, sondern direct
aus der Wurzel gebildet mittels des Suffixes *-na,* dem ein
Hilfsvocal *a* vortritt, gewöhnlich auch mittels der Vorsilbe *gi-,*
z. B. von Wurzel *hald* halten Passivparticip-Stamm *gi-hald-a-na,*
Nom. *gi-haldan,* von Wurz. *râd gi-râd-a-na,* Nom. *gi-râdan*
geraten, u. a.

§ 18.

Ablautende Verben.

Die ablautenden Verben, die ihre Tempusstämme durch
Vocalwechsel innerhalb der Wurzel bilden, sind aus ehemals
reduplizierenden hervorgegangen. Eine früher im Präsens und
im reduplizierten Präteritum aufgetretene beiläufige Verän-
derung des Wurzelvocals, die teils aus Schwächung, teils aus
Verlängerung und Diphthongierung desselben bestand, bildete
sich mehr und mehr systematisch aus und machte dadurch den
Eindruck eines wesentlichen Unterscheidungsmittels der Stamm-
formen, so dasz die Reduplication, das alte Mittel zur Hervorhebung der Vergangenheit, als überflüssig bei Seite geschoben
ward. Die hierher gehörigen Verben haben als Wurzelvocale
die Kürzen *a, i, u,* und sondern sich, nach der abweichenden
Schwächung oder Verstärkung der genannten Vocale in fünf
Gruppen. Ihren Präsensstamm bilden sie, wie die reduplizierenden, mittels des demonstrativen, ganz gleich behandelten
Elementes *a,* seltener mittels des Elementes *ja.* Der Präterital-

stamm ist nach Wegfall der Reduplication eben auch einsilbig
geworden, er hat für die einsilbigen Präteritalformen den
Wurzelvocal voller oder verstärkter, als für die mehrsilbigen,
die durch Personal- und Modalsuffixe belasteter sind.

I. Wurzelvocal *a* vor doppelter Consonanz. In den
Präsensformen tritt Schwächung desselben zu *i* auf, welches
in allen Fällen, wo das stammbildende Element rein erhalten
ist, mit Ausnahme der § 8, 1 aufgezählten, zu *ë* umlautet;
der Stamm für die einsilbigen Präteritalformen hat den Wurzelvocal rein bewahrt; im Stamme für die mehrsilbigen ist er zu
u geschwächt. Hierher gehören folgende Verben:

	Präs.-Stamm.	Prät.-Stamm.
1.	*bëlga-* zürnen.	*balg-, bulg-.*
2.	*bërga-* bergen.	*barg-, burg-.*
3.	*binda-* binden.	*band-, bund-.*
4.	*brëgda-* knüpfen.	*bragd-, brugd-.*
5.	*brinna-* brennen.	*brann-, brunn-.*
6.	*brësta-* bersten.	*brast-, brust-.*
7.	*far-dërba-* verderben.	*far-darb-, -durb-.*
8.	*drinka-* trinken.	*drank-, drunk-.*
9.	*bi-fëlha-* befehlen.	*bi-falh-, -fulh-.*
10.	*finda-* finden.	*fand-, fund-.*
11.	*gi-frëgna-* erfahren.	*gi-fragn-, -frugn-.*
12.	*gëlda-* vergelten.	*gald-, guld-.*
13.	*bi-ginna-* beginnen.	*bigann-, -gunn-.*
14.	*hëlpa-* helfen.	*halp-, hulp-.*
15.	*hwërba-* gehen.	*hwarb-, hwurb-.*
16.	*rinna-* rinnen.	*rann-, runn-.*
17.	*sinka-* sinken.	*sank-, sunk-.*
18.	*singa-* singen.	*sang-, sung-.*
19.	*springa-* springen.	*sprang-, sprung-.*
20.	*swinga-* schwingen.	*swang-, swung-.*
21.	*stërba-* sterben.	*starb-, sturb-.*
22.	*swëlga-* schlingen.	*swalg-, swulg-.*
23.	*swëlla-* schwellen.	*swall-, swull-.*
24.	*swëlta-* sterben.	*swalt-, swult-.*
25.	*swërba-* abwischen.	*swarb-, swurb-.*
26.	*swërka-* dunkel werden.	*swark-, swurk-.*
27.	*thinsa-* ziehen.	*thans-, thuns-.*
28.	*thrimma-* betrüben.	*thramm-, thrumm-.*
29.	*thringa-* dringen.	*thrang-, thrung-.*
30.	*thwinga-* zwingen.	*thwang-, thwung-.*
31.	*bi-wëlla-* beflecken.	*bi-wall-, -wull-.*

Präs.-Stamm.	Prät.-Stamm.	·älern
32. *wërđa-* werden.	*warđ-, wurđ-.*	·l-
33. *wërpa-* werfen.	*warp-, wurp-.*	
34. *wërra-* verwirren.	*warr-, wurr-.*	
35. *winđa-* winden.	*wanđ-, wunđ-.*	
36. *winna-* arbeiten.	*wann-, wunn-,*	

auszerdem, nur in den Psalmen und nur in Präsensformen,
37 *fëhta-* fechten, 38. *stinca-* riechen.

Nur altniederfränkisch ferner ist der Stamm 39, *bringa-*,
der indes keine eigenen Präteritalformen entwickelt, sondern sie
von einem verwanten Stamme bildet (§ 28).

II. Gruppe. Wurzelvocal *a* vor einfacher Consonanz.
Derselbe ist, wie bei der I. Gruppe, im Präsens zu *i* geschwächt,
in den einsilbigen Präteritalformen rein erhalten. In den
mehrsilbigen Präteritalformen ist dagegen nicht Abfall der
Reduplication und Schwächung des Wurzelvocals eingetreten,
sondern die alte Reduplications- und die Wurzelsilbe sind schon
in früher Zeit zusammengezogen und die Folge dieses Vorgangs
ist die Ersatzlänge *â* (§ 3). Folgende Verben dieser Gruppe
sind in beiden Dialecten belegt:

Präs.-Stamm.	Prät.-Stamm.
1. *bëra-* tragen.	*bar-, bâr-.*
2. *brëka-* brechen.	*brak-, brâk-.*
3. *for-dwëla-* versäumen.	*for-dwal-, -dwâl-.*
4. *ëta-* essen.	*at-, ât-.*
5. *gëba-* geben.	*gab-, gâb-.*
6. *gëha-* sagen.	*jah-, jâh-* (§ 14, 1).
7. *bi-gëta-* erlangen.	*bi-gat-, -gât-.*
8. *for-gëta-* vergessen.	*for-gat-, -gât-.*
9. *hëla-* helen.	*hal-, hâl-.*
10. *hrëwa-* reuen.	*hraw-, hrâw-.*
11. *lësa-* lesen.	*las-, lôs-.*
12. *nima-* nehmen.	*nam-, nâm-.*
13. *mëta-* messen.	*mat-, mât-.*
14. *gi-nësa-* genesen.	*gi-nas-, nâs-.*
15. *plëga-* für etwas aufkommen.	*plag-, plâg-.*
16. *quëđa-* sagen.	*quađ-, quâđ-.*
17. *quëla-* sterben.	*qual-, quâl-.*
18. *sëha-* sehen.	*sah-, sâh-* (sàw- § 14, 1).
19. *sprëka-* sprechen.	*sprak-, sprâk-.*
20. *stëla-* stehlen.	*stal-, stâl-.*
21. *stëka-* stechen.	*stak-, stâk-.*
22. *trëđa-* treten.	*trađ-, trâđ-.*
23. *trëga-* reuen.	*trag-, trâg-.*

Präs.-Stamm.	Prät.-Stamm.

24. *wrëka-* rächen.   *wrak-, wråk-*.
25. *wësa-* sein.   *was-, wår-* (Consonantenwechsel
26. *kuma-* kommen (für *quëma*, § 7). *quam-, quåm-*.   § 19, 2).
sowie 27. *tëma-* ziemen, 28. *gipa-* offen stehen, nur in den
Psalmen in je einer Präsensform begegnend.

III. Gruppe.

Wurzelvocal *a*, ebenfalls vor einfacher, nur
in zwei Fällen (Nr. 16. 17.) vor doppelter Consonanz. Derselbe ist in allen Präsensformen rein erhalten. Der Präteritalstamm hat nur eine Form, er zeigt die Länge des Wurzelvocals, *ô*, altnfr. *uo*.

Präs.-Stamm.	Prät.-Stamm.

1. *draga-* tragen.   *drôg-* *(druog)*.
2. *fara-* fahren.   *fôr-*.
3. *gala-* singen.   *gôl-*.
4. *graba-* graben.   *grôb-*.
5. *hlada-* laden.   *hlôd-*.
6. [*hlaha-*] lachen.   *hlôh-*, *hlôg-* (Cousonantenwechsel
7. *laha-* tadeln.   *lôh-*, *lôg-*.   § 19, 3).
8. *mala-* malen.   *môl-*.
9. *saka-* anschuldigen.   *sôk-*.
10. *skaka-* eilen.   *skôk-*.
11. [*skapa-*] schaffen.   *skôp-*.
12. *slaha-* schlagen.   *slôh-*, *slôg-* (Consonantenwechsel
13. *spana-* locken.   *spôn-*.   § 19, 3).
14. *stapa-* Schritte machen.   *stôp-*.
15. *thwaha-* waschen.   *thwôh-*, *thwôg-* Consonanten-
16. *wahsa-* wachsen.   *wôhs-*.   wechsel § 19, 3).
17. *waska-* waschen (nur in den Ps.) *wôsk-*.

Ausserdem 18. *standa-* stehen, welches in den Präsensformen ein ursprünglich auszerhalb der Wurzel gestandenes, stammbildendes *n* in die Wurzel aufgenommen hat,
welches *n* in den altsächsischen und Werdener Denkmälern
im Präteritalstamme wider ausfällt *(stôd)*, während es in den
Psalmen bleibt *(stuond)*. Die Präsensstämme von Nr. 6 und 11.
die nicht belegt sind, können, nach Analogie anderer Dialecte,
auch mittels des Elementes *-ja* gebildet gewesen sein *(hlehhia-,
skeppia-*, vergl. unten).

IV. Gruppe.

Wurzelvocal ist *i* vor einfacher Consonanz.
Der Präsensstamm zeigt die Länge desselben *i*, der Stamm
der einsilbigen Präteritalformen hatte einst den Diphthongen
dieser Reihe *ai*, der in den Psalmen sich als *ei* schwankend

noch hält, in den Werdener und den altsächsischen Denkmälern
aber zu *ê* zusammengezogen ist; in den zweisilbigen Präteritalformen tritt der Wurzelvocal *i* rein heraus.

Präs.-Stamm.	Prät.-Stamm.
1. *bîda-* warten.	*bêd-* (Ps. *beid-*), *bid-*.
2. *bitа-* beiszen.	*bêt-*, *bit-*.
3. *blika-* glänzen.	*blêk-*, *blik-*.
4. *driba-* treiben.	*drêb-*, *drib-*.
5. *glida-* gleiten.	*glêd-*, *glid-*.
6. *glîta-* gleiszen.	*glêt-*, *glit-*.
7. *grîpa-* greifen.	*grêp-*, *grip-*.
8. *hlîda-* schlieszen.	*hlêd-*, *hlid-*.
9. *hnîga-* neigen.	*hnêg-*, *hnig-*.
10. *hrîna-* anrühren.	*hrên-*, *hrin-*.
11. *kîna-* keimen.	*kên-*, *kin-*.
12. *bi-klîba-* Wurzel treiben.	*bi-klêb-*, *-klib-*.
13. *bi-lîba-* bleiben.	*bi-lêb-*, *-lib-*.
14. *lîha-* leihen.	*lêh-*, *lih-* (*liw-* § 14, 1. 15, 1).
15. *lîda-* gehen.	*lêd-*, *lid-*.
16. *mîda-* meiden.	*mêd-*, *mid-*.
17. *rîsa-* aufstehen.	*rês-*, *ris-*.
18. *skîna-* scheinen.	*skên-*, *skin-*.
19. *skrîba-* schreiben.	*skrêb-*, *skrib-*.
20. *skrîda-* weggehen.	*skrêd-*, *skrid-*.
21. *skrîta-* zerreiszen.	*skrêt-*, *skrit-*.
22. *slîta-* schleiszen.	*slêt-*, *slit-*.
23. *spîwa-* speien.	*spêw-*, *spiw-*.
24. *stîga-* steigen.	*stêg-*, *stig-*.
25. *swîka-* betrügen, abweichen.	*swêk-*, *swik-*.
26. *for-swîpa-* vertreiben.	*for-swêp-*, *-swip-*.
27. *sîga-* sinke.	*sêg-*, *sig-*.
28. *thîha-* gedeihen.	*thêh-*, *thig-* (Consonantenwechsel
29. *tîha-* zeihen.	[*têh-*, *tih-*]. § 19, 3).
30. *wîka-* weichen.	*wêk-*, *wik-*.
31. *gi-wîta-* gehen.	*gi-wêt-*, *-wit-*.
32. *wrîta-* reiszen, schreiben.	*wrêt-*. *writ-*.

Hierher wahrscheinlich auch

33. *gi-flîha-* besänftigen, ·
von dem nur die Präsensform *giflîhid* Hel. 1460 begegnet,
und

34. *strîda-* streite,
nur in den Psalmen in einer Präsensform.

Von *tîha-* sind Präteritalformen nicht belegt, was wegen
des möglicher Weise eintretenden Umschlags des [stamm-
schlieszenden Consonanten ausdrücklich zu bemerken ist.

V. Gruppe, der IV. im Bau gleich.

Wurzelvocal ist *u*; im Präsensstamm tritt die Länge desselben entweder als *û*, oder als *iu*, umgelautet *io* (Ps. *ie*) auf, als *û* im altsächsischen und den Werdener Denkmälern nur in *lûka-* schliesze, in den Psalmen auch in der Präsensform *flûtit* flieszt. Der Stamm der einsilbigen Präteritalform hat, früherem Diphthongen *au* entsprechend, *ou* noch schwankend in den Psalmen, die Zusammenziehung *ó* in den übrigen Denkmälern; der Wurzelvocal zeigt sich rein in den mehrsilbigen Präteritalformen.

Präs.-Stamm.		Prät.-Stamm.	
1.	*bioda-* bieten.	*bôd-*, *bud-*.	
2.	*bi-drioga-* betrügen.	*bi-drôg-*, *-drug-*.	
3.	*driopa-* triefen.	*drôp-*, *drup-*.	
4.	*driosa-* fallen.	[*drós-*, *drur-*.]	
5.	*fliega-* fliegen (nur in den Ps.)	*flouy-*, *flug-*.	
6.	*flioha-* fliehen.	*flôh-*, *flug-*.	(? die letztere Form
7.	*fliota-* flieszen.	*flôt-*, *flut-*.	unbezeugt).
8.	*giota-* gieszen.	*gôt-*, *gut-*.	
9.	*hioba-* weinen.	*hôb-*, *hub-*.	
10.	*hlioda-* wachsen.	*hlôd-*, *hlud-*.	
11.	*hliota-* erlosen, erlangen.	*hlôt-*, *hlut-*.	
12.	*kiosa-* erwählen.	*kôs-*, *kur-*. (Consonantenwechsel	
13.	*klioba-* spalten.	*klôb-*, *klub-*. § 19, 2).	
14.	*lioga-* lügen.	*lôg-*, *lug-*.	
15.	*far-liosa-* verlieren.	*far-lôs-*, *-lur-*. (Consonantenw.	
16.	*lûka-* schlieszen.	*lôk-*, (Ps. *louk*), *luk-*. § 19, 2).	
17.	*niota-* genieszen.	*nôt-*, *nut-*.	
18.	*skiota-* schieszen.	*skôt-*, *skut-*.	
19.	*sliota-* schlieszen.	*slôt-*, *slut-*.	
20.	*tioha-* ziehen.	*tôh*, *tuh-* (u. *tug-*, § 19, 3).	

Auszerdem 21. *griota-* weinen, dem ags. *greóta-* entsprechend, von dem präteritale Formen nicht vorkommen, und 22. *kriepa-* krieche, nur in einer Präsensform der Psalmen.

Den Präsensstamm bilden statt mit *a* mit dem pronominalen Elemente *ja* (auszer den beiden reduplizierenden *sáia* säe und *wópia* weine § 17) folgende ablautende Verben:

a) aus der zweiten Gruppe:

Präs.-Stamm.		Prät.-Stamm.
1.	*biddia-* bitten.	*bad-*, *bâd-*.
2.	*liggia-* liegen.	*lag-*, *lâg-*.
3.	*sittia-* sitzen.	*sat-*, *sât-*.

b) aus der dritten Gruppe:

4.	*hebbia-* heben.	*hôb-*.
5.	*af-sebbia-* bemerken.	*af-sôb-*.
6.	*sweria-* schwören.	*swôr-*.

Dieses Element *ja*, wenn es, in den altsächsischen und
Werdener Denkmälern, noch voll oder höchstens zu *ju* geschwächt erscheint (1. sg. und gesamter plur. des Indicativs,
gesamter Optativ, 2. plur. des Imperativs, Infinitiv und
Particip) bewirkt neben dem Umlaute, wo er eintreten kann,
nach § 14, 7 Verdoppelung des davor stehenden Wurzel-
consonanten, mit Ausnahme eines *r*; diese Verdoppelung weicht,
wenn das Element *ja* zu bloszem *i* sich schwächt, was in der
2., 3. sg. des Indicativs und in der 2. sg. des Imperativs geschieht. Die drei Verben, die in den Psalmen Präsensformen
durch das Element *ja* gebildet zeigen, stimmen unter sich
darin überein, dasz sie den Anlaut *j* dieses Elementes haben
untergehen lassen: in einem Falle *(bidda-* bitte) hat er Verdoppelung des vorhergehenden wurzelhaften Consonanten gewirkt, die in allen Präsensformen bleibt; in den beiden andern
Fällen *(heva-* heben, *swera-* schwören) macht er sich nur noch
durch den Umlaut des vorhergehenden Stammvocals geltend.

Das Passivparticip ist, wie bei den reduplizierenden Verben,
nicht aus dem Präteritalstamm, sondern unmittelbar aus der
Wurzel gebildet mittels des Suffixes *-na*, dem ein Hilfsvocal *a*
vortritt, gewöhnlich auch mittels der Vorsilbe *gi-*. Der Wurzelvocal erscheint dabei rein bei den Verben der 3. u. 4. Gruppe
bei welchen letzteren Umlaut durch *a* der zweiten Silbe nicht
gewirkt wird (§ 8, 1), z. B. Wurzel *far* gehen, Part. Stamm
gi-far-a-na, nom. *gi-faran*; Wz. *hlid* schlieszen, Part. Stamm
gi-hlid-a-na, nom. *gi-hlidan*; umgelautet zu *o* bei den Verben
der 5. Gruppe, z. B. Wz. *bud* bieten, Part. Stamm *gi-bod-a-na*,
nom. *gi-bodan*; bei den Verben der ersten und zweiten Gruppe
aber geschwächt, und, wo der Umlaut durch folgende Con-
sonantverbindungen nicht gehemmt ist (§ 8, 1), auch umgelautet. Die Schwächung bei den Verben der ersten Gruppe
geht zu *u*, umgelautet zu *o*, z. B. Wz. *drank* trinken, Part.
Stamm *gi-drunk-a-na*, nom. *gi-drunkan*; Wz. *swark* trübe
werden, Part. Stamm *gi-swork-a-na*, nom. *gisworkan*; an dieser
Schwächung und ihrem Umlaut nehmen diejenigen Verben der
2. Gruppe Teil, deren Wurzel auf Nasal oder Liquida *r*, *l*
ausgeht: Wz. *quam* kommen, Part. Stamm *gi-kum-a-na* (für
giquumana), nom. *gi-kuman*, Wz. *nam* nehmen, Part. Stamm
gi-num-a-na und *gi-nom-a-na*, nom. *gi-numan* und *gi-noman*;
Wz. *bar* tragen, Part. Stamm *gi-bor-a-na*, nom. *gi-boran*; Wz.
stal stehlen, Part. Stamm *gi-stol-a-na*, nom. *gi-stolan*. Die
übrigen Verben der 2. Gruppe haben den Wurzelvocal zu *i*
geschwächt und dasselbe zu *ë* umgelautet; Wz. *sah* sehen,
Part. Stamm *gi-sëh-a-na*, nom. *gi-sëhan*, Wz. *was* sein, Part.
Stamm *gi-wës-a-na*, nom. *giwësan*, Wz. *gab* geben, Part. Stamm

gi-gĕb-a-na, nom. *gi-gĕban* (ohne Umlaut *iegivan* Bed. 5).
Die Wz. *brak* brechen hat den Part. Stamm *gi-brok-a-na*, nom.
gi-brokan, die Wz. *sprak* sprechen aber schwankend *gi-
sprok-a-na*, nom. *gi-sprokan*, und *gi-sprëk-a-na*, nom. *gi-sprëkan*.

§ 19.

Formenbildung der reduplizierenden und ablautenden Verben.

Alle vorhandenen Verbalformen sowie die daran sich
schlieszenden Nominalbildungen (Infinitiv, Particip präs.) sind
aus den Tempusstämmen gebildet, mit einziger Ausnahme des
Particips prät., welches direct von der Verbalwurzel ausgeht
(§ 17. 18. a. E.). Indicativ- und Imperativformen bestehen
nur aus dem Tempusstamm und den mit ihm verbundenen
Personalsuffixen, soweit sie erhalten sind (§ 16), beim Optativ
tritt zwischen Tempusstamm und Personalsuffix noch das modale
Element, nur noch im Präteritum erkennbar, im Präsens durch
Verwitterung des Auslauts unkenntlich geworden.

Bildungssuffix für den Infinitiv ist *-an*, die Accusativform eines Suffixes ursprünglich *-ana*; in den wenigen Fällen,
wo Declination eines Infinitivs begegnet (§ 40), werden die
entsprechenden Formen von einem erweiterten Infinitiv-Suffixe
-anja, nach sächsischer Weise (§ 14, 7) *annia* geschrieben,
gebildet. Suffix für das Particip präs. ist *-and*, oder erweitert
-andja. Vor beiden Suffixen prägt sich der schlieszende Vocal
des Tempusstammes nicht noch besonders aus.

Da der Stamm des Präteritums in den weit überwiegenden Fällen consonantisch schlieszt, so ist zwischen die consonantische Personenendung des Plurals indic. und jenen Stamm
aus Gründen des Wolklanges ein Hilfsvocal *u* eingeschoben;
ein gleicher Hilfsvocal, hier *i* findet sich auch an der 2. sg.
indic., obschon das hinter diesem einst gestandene consonantische Personalsuffix längst abgefallen ist.

Nicht nur suffixlos, sondern auch dem Auslaute des
Stammes nach zerrüttet ist die 2. sg. des Imperativs. Tempusstämme auf einfaches *a* büszen dasselbe hier ein, dasz es aber
durch Umlaut, wo derselbe eintreten kann, manchmal noch
nachwirkt, zeigen einige Formen des Monacensis: *gĕf* 1609.
hĕlp 1614, *sĕh* 4611. 4768, *teoh* 3204, sowie des Cottonianus:
wĕs 5605, eine Form, die sich in den Straszburger Gloss. 105
widerholt (vergl. § 8, 1). Stämme auf *-ja* schwächen dasselbe
bis zu *i* ab: *sweri* schwöre Hel. 3270.

Gelegentlich der Formenbildung wirken Assimilationsgesetze sowie Neigung für Consonantenerweichung und -verhärtung
auch auf Bestandteile der Stammsilbe, und zwar in folgender
Weise.

1. Umlaut eines Stammvocals wird gewirkt durch ein *i*
oder *a* zweiter Silbe. Im ersteren Falle wird ein *a* zu *e*; im
zweiten ein *i* zu *ë*, ein *u* zu *o*, ein *iu* zu *io*; vergl. § 8, 1.

2. In den zweisilbigen Präteritalformen tritt wurzelhaftes
s in *r* über bei den Wurzeln *kus*, inf. *kiosan* wählen, *lus*, inf.
ar-liosan verlieren, wahrscheinlich auch bei Wz. *drus*, inf.
driosan fallen, von der präteritale Formen nicht belegt sind,
ferner bei Wz. *was*, inf. *wësan* sein, bei welcher sich jedoch,
im Gegensatz zu den vorhergenannten, das Participium prät.
an jenem Uebertritt nicht beteiligt (*gi-wësan* gegen *gi-koran*,
ar-loran), vergl. 14, 3.

3. Uebertritt eines wurzelhaften *h* in *g* in Präteritalformen ist mehr oder weniger durchgeführter Brauch. Von
Wz. *slah*, inf. *slahan* schlagen, findet sich belegt prät. sg.
slôh und *slôg*, plur. *slôgun*, optat. *slôgin*, part. *gi-slagan*; von
Wz. *hlah* lachen, prät. plur. *hlôgun*, part. *bi-hlagan*; von Wz.
lah tadeln prät. sg. *lôg*; von Wz. *thwah* waschen prät. sg.
thwôg; von Wz. *thih* gedeihen, inf. *thihan* das part. prät. *gi-*
thigan; von Wz. *tuh* ziehen, inf. *tiohan* opt. prät. plur. *tuhin*,
part. prät. *atogan*.

In den Psalmen geht der Uebertritt weiter, vgl. § 15, 1.

4. Wurzelhaftes *ð*, wenn es in den Auslaut tritt, wird *f*;
vergl. §. 15, 5.

5. Gemination im Auslaute vereinfacht sich; vgl. § 15, 7.

Eine Uebersicht der Conjugation bezüglich der reduplizierenden und ablautenden Verben ergeben die nachstehenden
Paradigmen. Für sie sind gewählt: die reduplizierende Wurzel
fall fallen der 1. Gruppe, und die ablautenden Wurzeln *wann*
arbeiten und *halp* helfen der ersten, *kus* wählen der vierten,
bad bitten der zweiten und *ha*ð der dritten.

Präsens.

Stämme: *falla-; winna-; hëlpa-; kiosa-; biddia-; hebbia-.*

Indicativ.

	falla-	*winna-*	*hëlpa-*	*kiosa-*	*biddia-*	*hebbia-*
Sg. 1.	*falla-*	*winnu-*	*hilpu-*	*kiusa-*	*biddiu-*	*hebbiu-*
2.	*falla-s (felli-s).*	*winni-s.*	*hilpi-s.*	*kiusi-s.*	*bidi-s.*	*hebi-s (habi-s).*
3.	*falli-d (felli-d).*	*winni-d.*	*hilpi-d.*	*kiusi-d.*	*bidi-d.*	*hebi-d (habi-d).*
Pl. 3. 1. 2.	*falla-d.*	*winna-d.*	*hëlpa-d.*	*kiosa-d.*	*biddia-d.*	*hebbia-d.*

Optativ.

	falla-	*winna-*	*hëlpa-*	*kiosa-*	*biddia-*	*hebbia-*
Sg. 1.	*falla- (falle-).*	*winna- (e-).*	*hëlpa- (e-).*	*kiosa- (e).*	*biddia- (-ea, ie).*	*hebbia- (-ea, ie).*
2.	*falla-s (-es).*	*winna-s.*	*hëlpa-s.*	*kiosa-s.*	*biddia-s.*	*hebbia-s.*
3.	*falla- (-e).*	*winna-.*	*hëlpa-.*	*kiosa-.*	*biddia-.*	*hebbia-.*
Pl. 3. 1. 2.	*falla-n (-en).*	*winna-n.*	*hëlpa-n.*	*kiosa-n.*	*biddia-n.*	*hebbia-n.*

Imperativ.

	falla-	*winna-*	*hëlpa-*	*kiosa-*	*biddia-*	*hebbia-*
Sg. 2.	*fal.*	*win.*	*hilp (hëlp § 19).*	*lius.*	*bidi.*	*hebi.*
Pl. 2.	*falla-d.*	*winna-d.*	*helpa-d.*	*kiosa-d.*	*biddia-l.*	*hebbia-d.*

Infinitiv.

falla-n.	*winna-n.*	*hëlpa-n.*	*kiosa-n.*	*biddia-n.*	*hebbia-n.*

Particip.

falla-nd.	*winna-nd.*	*hëlpa-nd.*	*kiosa-nd.*	*biddia-nd.*	*hebbia-nd.*

Präteritum.

Stämme: *fëll-*; *wann-*, *wann-*; *halp-*, *halp-*; *kôs-*, *kur-*; *bad-*, *bäd-*; *hôb-*.

Indicativ.

Sg. 1.	*fëll-.*	*wan-.*	*halp-.*	*kôs-.*	*bad-.*	*hôf-.*
2.	*fëll-i-.*	*wann-i-.*	*halp-i-.*	*kur-i-.*	*bäd-i-.*	*hôb-i-.*
3.	*fëll-.*	*wan-.*	*halp-.*	*kôs-.*	*bad-.*	*hôf-.*
Pl. 3. 1. 2.	*fëll-u-n.*	*wann-u-n.*	*halp-a-n.*	*kur-u-n.*	*bâd-u-n.*	*hôb-u-n.*

Optativ.

Sg. 1.	*fëll-i-.*	*wann-i-.*	*halp-i-.*	*kur-i-.*	*bäd-i.*	*hôb-i-.*
2.	*fëll-i-s.*	*wann-i-s.*	*halp-i-s.*	*kur-i-s.*	*bäd-i-s.*	*hôb-i-s.*
3.	*fëll-i-.*	*wann-i-.*	*halp-i-.*	*kur-i-.*	*bäd-i.*	*hôb-i-.*
Pl. 3. 1. 2.	*fëll-i-n.*	*wann-i-n.*	*halp-i-n.*	*kur-i-n.*	*bâd-i-n.*	*hôb-i-n.*

Particip.

(gi-) fëll-a-n.   (gi-) wann-a-n.   (gi-) halp-a-n.   (gi-) kor-a-n.   (gi-) bëd-a-n.   (gi-) hab-a-n.

Der Cottonianus hat die Neigung, die Personalendung *-d* der 3. sg. und plur. präs. indic. in *-t* zu verstufen (§ 15, 4). An dieser Neigung nimmt der Monacensis selten Teil, die kleinern altsächsischen Denkmäler fast nicht.

§ 20.

Formenbildung in den Psalmen.

Die Formenbildung in den Psalmen und den Lipsiusschen Glossen weicht, namentlich im Präsens, weniger in dem Präteritum, von den Werdener und altsächsischen Denkmälern ab. Der stammbildende Vocal schillert nach *e, i, o, u* hinüber; die Personalsuffixe sind insofern besser erhalten, als sie in den Pluralformen noch die drei Personen scheiden, nicht, wie das alts., die 3. für den gesamten Plural verwenden; doch finden manche Ueberschwankungen ursprünglich scharf geschiedener Formen statt. Der geringe Umfang der Denkmäler gestattet die Aufstellung eines sichern Paradigmas nicht; daher sollen nur die begegnenden einschlagenden Formen aufgezählt werden.

Präsens Indicativ. Die 1. sg. zeigt schwankend das Personalsuffix -*n* aus früherem -*m*, das indes höchst wahrscheinlich hier nicht ursprünglich, sondern aus der 2. schwachen Conjugation eingedrungen ist: *biddo-n* ich bitte, *wirtho-n* ich werde (Ps. 63, 2. 68, 18) neben *wërthe* (61, 3).

Für die 2. sg. findet sich nur ein einziges Beispiel mit inclinierendem Pronomen *bilgi-stu* zürnst du (Gl. Lips. 142); es kann danach nicht sicher entschieden werden, ob die Form der 2. wie im altsächsischen *bilgi-s*, das Personalsuffix also -*s* war, oder ob sich an letzteres, nach späterem ahd. Brauche, noch ein *t* angeschoben hat, *bilgistu* also für *bilgist-tu* steht.

Die 3. sg. geht in manchen Beispielen auf das Personalsuffix -*t* aus: *wirthi-t* er wird; *flûti-t* flieszt; *te-feri-t* zerfährt; *givi-t* gibt; *er-brinne-t* entbrennt, u. a.

Die 1. plur. zeigt das Personalsuffix -*n* aus früherem -*m* in *wërtha-n* wir werden, Ps. 64, 5, oder *wërthu-n*, wie der Abschreiber gelesen hat.

Die 2. plur. hat schlieszendes -*t*: *ana-falli-t irruitis* Ps. 61, 4; *sprëke-t loquimini* 57, 2.

Die 3. plur. hat als Personalsuffix -*nt* in zahlreichen Fällen, davor schwankenden Stammesschlusz: *bidi-nt* sie warten; *quëthe-nt* und *quëthu-nt* sie sagen; *standu-nt* sie stehen, *swëru-nt* sie schwören; *wërthu-nt* sie werden, u. a. In einem Falle ist schlieszendes -*t* abgefallen: *wirthu-n* werden Ps. 72, 21, wenn hier nicht ein Schreibfehler vorliegt. Zu bemerken ist, wie jenes vollere Personalsuffix in manchen Fällen bis in den Cottonianus hinüber reicht: *wërthe-nd* sie werden Hel. 4314; *liggie-nt* 4329; *quëthe-nt* sprechen 4434; *antfâhe-nt*

empfangen 4449; und hier auch das der 2. Person mit vertreten musz: *griota-nd* ihr weinet 4726.

Optativ. Die 1. und 3. sg. ist auf altsächsischem
Fusze: *gëve reddam* Ps. 60, 9; *inne stëke infigar* 68, 15;
singe, quëthe psallat, dicat 65, 4; *antlûke urgeat* 68, 16;
wërthe fiat 68, 26 u. ö.; in zwei Fällen steht statt des
schlieszenden tonlosen *e* ein *i*, das nichts als Vertreter des
ersteren ist (§ 9): *singi cantem* 70, 8 und *up standi ex-
surgat* 67, 2.
Von der 2. sg. kein Beispiel.
An der 1. plur. ist das Personalsuffix *-n*, wie bei der
gleichen Form des Indicativs. Nur drei Beispiele: *ce-brëka-n
wir dirumpamus* Ps. 2, 3; *ver-wërfo-n wir projiciamus* daselbst;
wöpa-n wir ploremus Gl. Lips. 1069.
Die 2. plur. unterscheidet sich, nachdem der Modal-
character untergegangen, ebenfalls von der 2. plur. des Indicativs formell nicht mehr: *slâpi-t dormiatis* Ps. 67, 13;
ver-wërthe-t percatis 2, 12.
Die 3. plur. erscheint in verschiedenen Formen. Meist
ist, wie im altsächsischen, das Personalsuffix *-n*, der Vocal
davor schillert manigfach, als *a, e, i, o*: *begia-n confiteantur*
Ps. 66, 4; *gesia-n videant* 68, 33; *quëthe-n dicant* 69, 5;
flie-n fugiant 59, 6; *be-driege-n decipiant* 61, 10; *far-fari-n
pereant* 67, 3; *ant-fangi-n suscipiant* 71, 3; *sceithi-n excludant*
67, 31: *nither stigi-n descendant* 54, 16; *duncla wërthi-n
obscurentur* 68, 24 u. ö.; *wërtho-n fuerint* 18, 14. Selten ist
das Personalsuffix dem der entsprechenden Indicativform gleich:
gangi-nt intrent Ps. 68, 28; *scieti-nt sagittent* 63, 4; *wërthi-nt
gehôrda audiantur* 18, 3; *flie-nt fugiant* 67, 2.

Imperativ. 2. sg. in vielfachen Beispielen, von der
altsächsischen Form nicht abweichend, mit den § 15, 4 angegebenen Verstufungen auslautender Consonanten: *ge-sig* sich;
gif gib; *quit* sage; *giut* giesz; *hilp* hilf; *bidde* bitte; *heve* und
hevi hebe; *bi-halt* erhalt; und mit inclinierendem Pronomen
far-lâttu verlasz du.
2. plur. mit dem Personalsuffix *-t*: *quëthi-t* saget; *fangi-t*
fangt; *gieti-t* gieszt.
Die Nominalbildungen, Infinitiv und Particip, entfernen sich von der sächsischen Weise nicht, nur ist beim Infinitiv
der stammschlieszende Vocal seltener *a (cuma-n* kommen,
valla-n fallen, *wirtha-n* und *wërtha-n* werden), als *o, i* oder *e:
givon* und *gëven* geben, *singin* singen neben *singen, hevon*
heben, *fallon* fallen, *liegon* lügen u. a.

4*

Präteritum. Die Singularformen des Indicativs stehen ebenso auf sächsischem Fusze, namentlich hat die 2. nach dem Stamme nur noch einen Bindevocal, das durch diesen vermittelte Personalsuffix aber abgestoszen (§ 19): *fôr-i* fuhrst, *gêv-i, gâv-i* gabst, *gecur-i* erkorst, *stig-i* stiegst, *bewild-i* regiertest neben *wield-e* und *ir-fieng-e increpasti* Gl. L. 612. Die Formen der 1. und 2. plur. sind ohne Beispiel, zu vermuten ist, dasz sie mit Personalsuffixen analog den Präsensformen gebildet waren. Die 3. plur., die häufig vorkommt, hat das Personalsuffix *-n*, nach einem Hilfsvocale, der selten als *u* (*trâd-u-n* sie traten, *an-luc-u-n* erschlossen) gewöhnlich als *o* erscheint (*gâv-o-n* gaben, *gruov-o-n* gruben u. a.). Als vereinzelte Erscheinung ist zu verzeichnen die Form *bewollon polluerunt* Ps. 54, 22, in der der Umlaut des *u* in *o* aus dem Particip prät. *bewollan* unberechtigt vorgedrungen ist, was sich übrigens auch einmal im sächsischen findet: *worthon* sie wurden für *wurthun* Bed. 4.

Für den Optativ finden sich folgende Beispiele: 1. sg. *gi-sâg-i viderem* Ps. 62, 3. *burg-e abscondissem* 54, 13. — 3. sg. *sprêk-e locutus fuisset* 54, 13. — 3. pl. *far-nâm-i-n intelligerent* Ps. 57, 10. *behêl-i-n absconderent* 63, 6.

Das Particip des Präteritums ist wie im altsächsischen gebildet.

§ 21.

Die schwachen Verba.

Das eigentümliche der schwachen Verben, die der gröszeren Zahl nach Causalia oder Denominativa sind, ist, dasz sie ihr Präteritum durch Composition bilden (§ 16). Das componierte Hilfsverbum tritt an die (vollständige oder verkürzte) Stammform an, die bei diesen Verben für präsentiale und präteritale Formen nur eine ist. Je nach dem Ausgange des Stammes bestehen für das altsächsische und altniederfränkische noch zwei Klassen, deren erste den Stamm auf *-ja*, die zweite auf *-ô* endigt; von einer dritten ehemals vorhandenen mit stammschlieszendem *ai* oder *ê* (wie im gothischen und althochdeutschen) finden sich noch geringe Spuren (§ 24).

Das Präteritum wird bei beiden Klassen übereinstimmend gebildet durch ein mit dem Stamme innig verwachsendes Präteritum der Wurzel *da* tun, das jedoch in allen Formen bedeutend verstümmelt ist und in den meisten Fällen zu seinen Personal- und Modalsuffixen von der Wurzel nichts erhalten

hat, als den Consonanten. Vor diesem Hilfsverbum verkürzt
sich der Stammesschlusz der schwachen Verben erster Classe
von *ja* zu *i*, in einer Minderzahl von Fällen fällt er auch ganz aus
(§ 22); der Stammesausgang der 2. Classe bleibt voll erhalten.

§ 22.

Erste schwache Conjugation.

Der Stammesschlusz *ja*, formell, aber erst seit einer
jüngern Zeit gleich mit dem § 18 erwähnten reduplizierender
und ablautender Verben (indem dieser ursprünglich, der der
schwachen Verben aus -*aja* verstümmelt ist), erfährt auch eine
gleiche Behandlung: er erscheint rein oder zu *ea* oder *ie* geschwächt im Plural des Indicativs und des Imperativs, im
gesamten Optativ und den Nominalbildungen, zu *iu* iu der
1. sg. des Indicativs, zu *i* in der 2. und 3., in der 2. sg. des
Imperativs (und, wie schon bemerkt, auch im Präteritum). Die
Personal- und Modalsuffixe sind die gleichen und gleich behandelt wie bei den starken Verben, § 19. Eine etwas verschiedene Behandlung des stammbildenden Elementes tritt nur
im Präteritum hervor, an einer Anzahl von Stämmen mit (durch
Position oder Vocal) langer Stammsilbe, wie das folgende
Paradigma veranschaulicht.

Stämme: *nerja, sendja.*

Präsens.

	Indicativ.		Optativ.	
Sg. 1.	*neriu-.*	*sendiu-.*	*neria- (-ea, -ie).*	*sendia- (-ea, -ie).*
2.	*neri-s.*	*sendi-s.*	*neria-s.*	*sendia-s.*
3.	*neri-d.*	*sendi-d.*	*neria-.*	*sendia-.*
Pl. 3. 1. 2.	*neria-d.*	*sendia-d.*	*neria-n.*	*sendia-n.*

	Imperativ.		Infinitiv.	
Sg. 2.	*neri-.*	*sendi-.*	*neria-n*	*sendia-n*
Pl. 2.	*neria-d.*	*sendia-d.*	*(nerea-n, nerie-n)*	*(sendea-n, sendie-n)*
			retten.	senden.

Particip.

neria-nd.   *sendia-nd.*

Präteritum.

	Indicativ.		Optativ.	
Sg. 1.	*neri-da.*	*san-da (sen-da).*	*neri-di.*	*san-di (sendi).*
2.	*neri-dôs.*	*san-dôs.*	*neri-dis.*	*san-dis.*
3.	*neri-da.*	*san-da.*	*neri-di.*	*san-di.*
Pl. 3. 1. 2.	*neri-dun.*	*san-dun.*	*neri-din.*	*san-din.*

Particip.

(gi-) neri-d.   *(gi-) sendi-d.*

Die Schwächung des stammschlieszenden *ia* geht bisweilen
zu *e*, vgl. *te gewirkenne* zu wirken Hel. Mon. 1591; in Werdener
Denkmälern: *hebbed* sie haben für *hebbiad* Psalmencomm. 75.
Bisweilen schwindet der Anlaut des Elementes: *hebba* habe
für *hebbia* Freck. 554; *dôpan* taufen für *dôpian* Hel. Cott. 809;
hêland für *hêliand* Heiland daselbst öfter; *dôan* sterben für
dôian Hel. Mon. 4866; die Fälle werden zur Regel in den
Psalmen (§ 25).

Es ist die kleinere Anzahl langsilbiger Verben, die ihr
Präteritum unter voller Ausstoszung des Stammesschlusses
bilden, und scheint diese Art der Präteritalbildung für das
altsächsische und altniederfränkische noch nicht alt zu sein,
daher auch weniger nach festen Gesetzen als nach Neigung
einzutreten.

Das Präteritum auf -*ida* bilden: 1. die wenigen Verben, die
im Stamme noch kurzen Vocal und einfachen Consonanten haben,
nerian retten, *skerian* ordnen, *far-terian* zerstören, *ferian*
führen, *dunian* dröhnen, manchmal auch die, deren Gemination
in junger Zeit durch Einwirkung des *j* entstanden ist, eine
Gemination die in einigen präsentialen und allen präteritalen
Formen wider schwindet (§ 14, 7), wie *quellian* töten, prät.
quelida, *fremmian* und *frummian* wirken, prät. *fremida* und
frumida, wahrscheinlich auch *slekkian* schwächen, von dem
entsprechende Formen nicht belegt sind; 2. Verben auf langen
Vocal ohne dahinter stehende Consonanz, *sâian* säen, *strôian*
streuen; 3. die meisten Verben mit doppelter Consonanz hinter
kurzem oder langem Stammvocal, wie *beldian* kräftigen, prät.
beldida; *gibôknian* andeuten, *gi-bôknida*; *felgian* anheften, *fel-
gida*; *gerwian* bereiten, *gerwida*; *gi-hwerbian* wegheben, *gi-
hwerbida*; *a-leskian* auslöschen, *a-leskida*; *far-lôgnian* ver-
läugnen, *far-lôgnida*; *mahlian* reden, *mahlida*; *nemnian* nennen,
nemnida; *thurstian* dürsten, *thurstida*; *giwernian* verweigern,
giwernida; auch *nâdian* wagen, das einen Nasal eingebüszt hat

und für *nandian* steht (§ 14, 4), prät. *nádida* (nicht das gleich gebildete *kúdian* künden, s. unten). Von einer groszen Anzahl hierher fallender Verben können präteritale Formen nicht nachgewiesen werden. — Verben die im Stamme auf langen Vocal einfache Consonanz folgen lassen, schwanken, so zwar, dasz oft an einem Worte das Präteritum bald mit, bald ohne den Rest des stammbildenden Elementes erscheint, z. B. *hélian* heilen, prät. *hélda* im Heliand, *gihélda* in einem Segen neben *gihélidu* gleich vorher; *diurian* preisen, *diurida* neben *diurda* im Heliand; von *wihian* weihen erscheint im Monacensis prät. *wihida*, im Cott. *wihda*, von *dópian* taufen umgekehrt im Mon. *dópta*, im Cott. *dópida*.

Andere als die bisher namhaft gemachten Verben bilden ihr Präteritum, ohne den Rest des stammbildenden Elementes auszuprägen. Wird in diesem Falle das präteritale Hilfsverbum *-da* an den verkürzten Stamm gefügt, so erscheint dasselbe nach harten Consonanten als *-ta*. *da* bleibt bei Stämmen auf Nasale, Liquida, Media. Spirans *đ* und *s*, wenn letztere einfach (nach langem Stammvocal) steht: *ménian* meinen, *ménda*; *rúmian* räumen, *rúmda*; *diurian* preisen, *diurda*; *délian* teilen, *délda*; *wégian* peinigen, *wégda*; *lédian* leiten, *lédda*; *gi-lôbian* glauben, *gilôbda* (§ 14, 5); *kúdian* kündigen, *kúdda*; *lósian* lösen, *lósda*, u. a. Es wandelt sich in *-ta* bei Stämmen auf Tenuis und doppelte Spirans *s*, die sich, wie jede andere Ge-mination, hier vereinfacht; *dópian* taufen, *dópta*; *bótian* bessern, *bótta*; *kussian* küssen, *kusta*, u. a.; die Gutturaltenuis geht dabei zugleich in *h* über (§ 14, 6): *sôkian* suchen, *sôhta*; *wekkian* wecken, *wahta*. Bei Stämmen, bei denen eine Den-tale das zweite Glied einer schlieszenden Consonantenverbindung bildet (*nd, ft, st, ht*), schwindet dieselbe im Präteritum vor dem Hilfsverbum *-da*, bezichentlich *-ta*: *sendian* senden, *sen-da*; *heftian* heften, *hefta*; *léstian* folgen, *lés-ta*; *ahtian* ächten, *ah-ta*, u. a.

Rückumlaut (§§ 4. 8) kann im Präteritum der lang-silbigen eintreten, begegnet aber nur schwankend, und nur bei den folgenden, in Bezug auf welche der Brauch des Monacensis und des Cottonianus einigemale abweichen:

hebbian haben, *hab-da*, und assimiliert in kleinern Denk-mälern *had-da*.

leggian legen, *lag-da* im Cott., *leg-du* im Mon.

lettian zögern, *lat-ta* im Cott., *let-ta* im Mon.

queddian grüszen, *quad-da* im Mon., *qued-da* im Mon. und Cott.

seggian sagen, *sag-da.*
sellian übergeben, *sal-da.*
sendian senden, *san-da* und *sen-da* in beiden Codd.
settian setzen, *sat-ta* im Cott., *set-ta* im Mon.
tellian erzählen, *tal-da.*
wekkian wecken, *wah-ta* im Mon., *wekida* in beiden Codd.

Wo eine alte Gemination vorhanden ist, da hält sie sich auch in der 2. 3. sg. präs. und in der 2. sg. des Imperativs, sowie im Präteritum, wenn hier nicht das stammbildende Element vollständig ausgestoszen ist (vergl. oben): von *fullian* füllen ist das Part. prät. *gi-fulli-d*, von *ant-klemmian* aufzwängen imp. *ant-klemmi*, von *merrian* stören, 3. sg. *merrid*, part. *gi-merrid*; unursprüngliche Geminata vereinfacht sich in allen den genannten Formen, § 14, 7.

Das Participium präteriti ist hier wie in der folgenden Classe durch das Suffix, Stamm *-da*, nom. *-d* gebildet, welches Suffix übrigens mit dem Hilfsverbum des Präteriti in keinem Zusammenhange steht. Das volle Schwinden des stammbildenden Elements vor diesem Suffix ist eine Seltenheit, es kommt vor: *gilib-d* gelebt Hel. 466, *gi-ful-da sindun repleti sunt* Werdener Psalmencomm. 7, *i-weg-de werthan* gestraft (plur.) werden Mers. Gloss. 29, *i-dôm-de werden* gerichtet werden, das. 31., und mit Eintritt des Rückumlautes *gi-sal-d* gegeben Heliand 4809 u. ö., *be-hab-d* umfaszt 3694, wofür der Cottonianus die assimilierte Form *bi-hadd* gewährt, *gi-tal-d* gezählt öfters, *gi-sag-d* gesagt 1327.

§ 23.

Zweite schwache Conjugation.

Das stammbildende Element *ô* schwächt sich im Gegensatze zu dem der vorigen Classe in einzelnen Formen nicht; selten gewährt dafür der Cod. Mon. des Hel. *a* (imp. *hala* hole 3229, inf. *gehala-n* holen 3260), der Cod. Gott. dagegen *uo*: präs. *for-warduot* ist Wächter, behütet 4982. In dieser Classe ist noch das Personalsuffix der 1. sg. im präs. ind. als *-n* (aus früherem *-m*) erhalten; die übrigen Personalsuffixe verhalten sich wie in der vorigen Classe; ein Modalsuffix des Optativs prägt sich im Präsens so wenig mehr aus als dort.

Verben dieser Art conjugieren wie folgt.

Stamm *skawó*.

Präsens.

	Indic.	Optativ.	Imperativ.	Infinitiv.	Particip.
Sg. 1.	skawó-n.	skawó-.		skawó-n,	skawó-nd.
2.	skawó-s.	skawó-s.	skawó-.	schauen.	
3.	skawó-d.	skawó-.			
Pl. 3. 1. 2.	skawó-d.	skawó-n.	skawó-d.		

Präteritum.

	Indicativ.	Optativ.	Particip.
Sg. 1.	skawó-da.	skawó-di.	(gi-) skawó-d.
2.	skawó-dós.	skawó-dis.	
3.	skawó-da.	skawó-di.	
Pl. 3. 1. 2.	skawó-dun.	skawó-din.	

Eine kleine Anzahl von Stämmen erweitert ihren Stammesschlusz noch durch das Element *-ja* der ersten Conjugation in einigen präsentialen Formen, vorzüglich dem Infinitiv. Solche Erweiterung ist nur im Heliand sicher bezeugt, hier aber in beiden Handschriften in folgenden Beispielen vorhanden.

1. Stamm *folgó-*, Inf. *folgó-n* folgen; Indic. plur. 3. *folgó-ia-d* 2429.

2. Stamm *fragó-*, Inf. *fragó-n* fragen, erweitert *fragó-ia-n* 5412 im Cott.

3. Stamm *gëbó-*, Inf. *gëbó-n* beschenken, erweitert *gëbó-ia-n* 1548.

4. Stamm *haló-*, Inf. *haló-n* holen, erweitert *haló-ia-n* 2574 Cott.

5. Stamm *samnó-*, Inf. *samnó-n* sammeln, erweitert *samnó-ia-n* 4138 Mon.

6. Stamm *sidó-*, Inf. *sidó-n* reisen, erweitert *sidó-gea-n* 594 Mon.

7. Stamm *skawó-*, Inf. *skawó-n* schauen, erweitert *skawó-ia-n* 4079.

8. Stamm *trúó-*, Inf. *trúó-n* trauen, erweitert *gi-trúó-ia-n* mehrmals in beiden Handschriften.

9. Stamm *thionó-*, Inf. *thionó-n* dienen, Optat. plur. *thionó-ia-n* 1418, Inf. *theonó-ia-n* 1114.

10. Stamm *tholó-*, Inf. *tholó-n* dulden, Optat. sg. 1. *tholó-ie* 4797, plur. *tholó-ia-n*, *gi-thólô-ia-n* mehrmals, ebenso der Infinitiv gleicher Lautung.

11. Stamm *wakô-*, Inf. *wakô-n* wachen, Part. präs. *wakô-gea-ndi* 384.

12. Stamm *witnô-*, Inf. *witnô-n* strafen, Optat. sg. *witnô-ie* 5245 Mon.

13. Stamm *wundrô-*, Inf. *wundrô-n* wundern, erweitert *wundrô-ia-n* 2261 Mon. 5026.

In den Merseburger Glossen 40 begegnet ferner die Form *æschia-đ exigunt.* Als Stamm fungiert sonst ausschliesz-lich *êskô-*, Inf. *êskô-n* heischen, und die eben erwähnte Form ist insofern mit den vorher aufgezählten in Vergleich zu stellen, als hier zwar nicht Erweiterung des ursprünglichen Stammes-schlusses durch den der ersten Conjugation, vielmehr Ver-drängung jenes durch diesen vorliegt. Gleiches weist der Hel. auf, wenn neben *tholón* und *tholôian* der Inf. *tholian* 3017, 4703, neben *wonôn* wohnen *wonian* 3996 Cott., neben *forhtôn* fürchten der imp. sg. *forhti* 263 und pl. *forhtead* öfters, neben *thagón* schweigen das Part. präs. *thagiandi* 2576 Cott. gewährt ist.

§ 24.

Spuren der dritten schwachen Conjugation.

Dasz eine dritte Gruppe schwacher Verben mit dem Stammesschlusse ursprünglich *ai*, die im gothischen und den althochdeutschen Dialecten erhalten ist, auch einst im alt-sächsischen vorhanden war, davon zeugen einige Spuren, die sich im Cod. Monacensis des Heliand finden. Das Verbum *hebbia-n* haben, dem gothisch der Stamm *habai-*, Inf. *haban*, ahd. *habê-*, Inf. *habê-n* gegenüber steht, hat sich gewöhnlich der ersten Conjugationsclasse zugewendet und den Stammes-schlusz dieser Verben seinem früheren substituiert; nur in den Formen der 2. und 3. Sg. des Ind. *haba-s* und *habe-s*, *haba-đ* und *habe-đ*, und in der 2. sg. des Imperativs *haba* und *habe*, die der Monacensis gegen das stete *habis*, *habid*, *habi* des Cottonianus zeigt, ist der alte Stammesschlusz, obwol ver-wittert erhalten, sie entsprechen dem goth. *habai-s*, *habai-þ* und *habai*, und dem ahd. *habê-s*, *habê-t* und *habê*. Ebenso verhält es sich mit Formen des Verbums *seggia-n* sagen, dem ahd. *sagê-n* entsprechend, von denen die 3. sg. des Indicativs *saga-đ* er sagt (neben der 2. *segi-s* und *sagi-s)* und die 2. sg. des Imperativs *saga* sich zu den ahd. *sagêt* und *sagê* stellen. Während von den niederfränkischen Denkmälern an dieser Eigentümlichkeit der Cottonianus keinen Teil nimmt, ist die Form *sagê-nte praedicans* der Psalmen 2, 6 ganz hierher fallend.

§ 25.

Das schwache Verbum in den Psalmen.

Auch hier zeigen sich Eigenheiten, die von den Werdener Denkmälern weiter abstehen und eine kurze Hervorhebung veranlassen.

In der ersten Classe hat sich der Anlaut des stammbildenden Elementes *ja* nur ausnahmsweise erhalten, in den Formen *arvêthiat tribulant* Gloss. Lips. 42, *blôion sulun florebunt* Ps. 71, 16, *te gerikieni locupletare* 64, 10. Auszerhalb dieser Fälle hat sich das *j* entweder dem unmittelbar vorhergehenden stammhaften Consonanten assimiliert, und so eine Gemination hervorgerufen, die sich nach den auch im altsächsischen geltenden Gesetzen in einer Anzahl von Formen wider vereinfacht (§§ 14, 7. 22), übrigens nicht ohne Schwanken eingetreten ist, oder es ist, in der überwiegenden Anzahl der Beispiele, gewichen. Der Vocal des stammbildenden Elementes schwankt in den verschiedenen Präsensformen zwischen *a, i, o, u* und *e.* Fälle der ersteren Art sind *libban, libbon* leben, *libbenderô* neben *libenderô* lebender (gen. plur.), *thennon* und *thenan* dehnen, *far-terron* vernichten, *gehuggon* denken, *tellunt* sie erzählen; die Fälle der zweiten Art sind sehr zahlreich, es genügt Infinitivformen aufzuzählen wie *huodan* hüten, *forhtan, forhton, forhtin* fürchten, *gefuogan* fügen, *deilon* teilen, *druovon* trüben, *ir-lôsin* erlösen, *mendon* freuen, u. a.

Die Bildung der Präsensformen schlieszt sich der in § 20 dargelegten sonst eng an. Was den Indicativ betrifft, so entgehen für die 1. plur. Beispiele, die 1. sg. ist durch *anthebbu prohibebo* Gl. Lips. 37, die 2. sg. durch die Formen *gi-druovi-s* du trübst, *ir-duomi-s* du richtest, *ge-rihti-s* richtest, die 3. sg. durch *gerwi-t* bereitet, *hevi-t* hat, *kundi-t* verkündet, die 2. pl. durch *forhti-t* ihr fürchtet, *wâni-t* ihr glaubt, *duomo-t* richtet, die 3. plur. durch *duelo-nt* sie irren, *mendo-nt* sie freuen, *suoki-nt* und *suoku-nt* sie suchen, *tellu-nt* sie sagen, reichlich vertreten. Weniger zahlreich stehen die Optativformen zu Gebote, für die 1. sg. ist *gehirme* ich möge ruhen, *kundi* und *kunde* verkündige, für die 3. sg. *gi-neri* er errette, für die 1. plur. *ant-kenna-n* wir mögen erkennen, für

die 3. plur. endlich *forhta-n* sie mögen fürchten, *folleisto-n*
mögen helfen, *mendi-n*, aber auch *mendi-nt* mögen freuen bezeugt. Imperativformen kommen vor für die 2. sg. *ge-festi*
befestige, *ferri* entferne dich, *gereini* reinige, *merri* zögere,
far-teri zerstöre, *te-deile* zerteile, *heile* heile, *gi-nere* rette, u. a.,
für die 2. plur. *ir-duomi-t* richtet, *gi-hôri-t* höret, *mendi-t*
freuet. Die Form *ehtin*, die Ps. 70, 11 *persequimini* übersetzt,
ist wahrscheinlich nur für *ehtit* verschrieben. Von den Nominalbildungen ist der Infinitiv bereits oben in einer Anzahl Beispiele vorgeführt, für das Participium begegnen solche wie
irduomi-ndi judicans, *ehti-ndon persequentibus*, *forhti-ndon
timentibus*, *libe-nderô* und *libbe-nderô viventium*. Während in
der Form *luo-nde rugientes* Gloss. Lips. 657 sich das ganze
Bildungselement des Präsensstammes verflüchtigt hat, tritt es
in der Nebenform *luogi-nda rugiens* das. 656 mit aus *j* ver-
härtetem *g* auf.

In den Präteritalformen haben eine grosze Anzahl kurz-
wie langsilbige Stämme den Rest des Bildungselementes *ja*
teils als *i*, teils geschwächt zu *e*, und gewis unter Einflusz der
zweiten unten folgenden Classe auch verderbt zu *o*, erhalten.
So die indicativen Singulare der 1. und 3. *neri-da* rettete,
stuki-da erzürnte, *be-scendi-da* unterdrückte, *gerwi-da* neben
gi-geroda bereitete, *mendi-da* und *mendo-da* freute, die 2. sg.
far-teri-dôs vernichtetest, *fremi-dôs* wirktest, *far-drenki-dôs*
machtest trunken, neben *drenko-dôs* tränktest, *ge-druove-dôs*
trübtest, *gemanoh-faldi-dôs* vervielfältigtest neben *-falde-dôs*
und *faldo-dôs* u. a., die plur. 1. und 3. (2. ist unbelegt)
quedi-don segneten, *gerwi-don* bereiteten, *hefti-don* hefteten,
drenke-don tränkten, *forhte-don* fürchteten, *ge-festo-don* be-
festigten, *weigo-don* peinigten u. a. Das volle stammbildende
Element ist ausgestoszen in einer kleinern Anzahl von Formen,
wie 1. sg. *wân-da* glaubte, 3. sg. *gehôr-da* hörte, 2. sg. *wân-
dôs* glaubtest, *ge-hôr-dôs* hörtest, *ir-ruor-dôs* erregtest, *lêr-dôs*
lehrtest, *te-stôr-dôs* zerstörtest, mit inclinierendem Pronomen
ôg-dôstu zeigtest du neben *ouge-dôs* zeigtest, und mit Ausstoszung eines stammhaften *h ir-hô-distu* erhöhtest du; pl. 3.
rûn-don raunten, *gi-sniun-don* eilten; hierbei erscheint der
Anlaut des präteritalen Hilfsverbums, wenn er auf einen stammhaften harten Consonanten, namentlich auch auf ein *s*, folgt,
als *-t*: *ir-lôs-tôs* erlöstest, mit Aenderung eines vorhergehenden *k* zu *h*: *ir-suoh-tôs* versuchtest, *suoh-tun* suchten. Ist der
stammhafte Consonant eine dentale Muta, so fällt er vor dem
Hilfsverbum weg: *lei-dôs* leitetest, *huo-dun* hüteten, *gi-trôs-tôs*
tröstetest, neben *ge-trôsto-da* tröstete. — Rückumlaut (des *e*
zu *a*) macht sich in folgenden Formen bemerklich: *bran-ton*

sie brannten; *be-kan-da* erkannte, *be-kandon* erkannten; *san-du* und *san-ta* sante, *sat-tôs* setztest, 3. sg. *sat-tu*, 3. pl. *sat-ton; tal-don* erzählten; unter Assimilation des vorhergehenden stammhaften Consonanten *hat-ta* hatte, *hat-tôs* hattest, *hat-tun* hatten, doch neben *hab-da*. Unsicher ist die Form *be-thahton absconderunt* Gl. Lips. 121 (von *be-theccan*), für die die Ueberlieferung *bethadon* ist und neben der die sichere mehrmalige Singularform *theco-da* steht.

Vom Optativ des Prät. stehen nur die Beispiele *ken-de cognoscerem* Ps. 72, 16 und *be-felli-di prosterneret* Gl. Lips. 78 zu Gebote.

Das Participium des Prät. prägt vor dem Suffixe das stammbildende Element teils noch als *i*, *e*, *o* aus, teils läszt es dasselbe ganz schwinden. Es finden sich die Beispiele *ge-festi-t* befestigt, *gi-gurdi-t* gegürtet, *ge-steki-t* gesteckt, *ir-fulli-t* und *ir-fullo-t* erfüllt, *be-filli-t* gegeiszelt neben dem plur. *be-fillo-da, be-kêre-t* bekehrt neben *be-kêri-t* und *bekêr-t*, plur. *be-kêr-da; ge-druovi-t* getrübt neben *ge-druof-t*, u. a. Die plurale Form *te-sprei-de werthint dispergentur* Ps. 58, 16 steht mit starker Verkürzung für *te-spreidi-de*, ebenso und noch mit Rückumlaut *far-war-t hevit malignatus est* Ps. 73, 3 für *far-werdi-t*. Rückumlaut erscheint auch in *ge-saz-t* gesetzt Ps. 1, 3. 2, 6.

Die Verben der zweiten Classe sind im allgemeinen an die Werdener und altsächsische Art nahe angeschlossen, nur dasz der stammbildende Vocal ô, dessen Länge überhaupt nun als zweifelhaft anzusehen ist, in präsentialen wie in präteritalen Formen in *u*, *a* und *e*, manchmal sogar in *i* überschwankt und dadurch Vermischung mit den Formen der ersten Classe angebahnt wird.

Von präsentialen Indicativformen erscheinen: sg. 1. *ic gi-trûô-n* hoffe, *wakô-n* wache, *wërô-n* bleibe; sg. 2. *ge-mûtô-s* verwandelst Gl. Lips. 413; sg. 3. *bûô-t* wohnt, *rôpizô-t eructat* Ps. 18, 2, *gi-trûô-t* hofft, *fol-wonô-t* bleibt, *thuro-wanô-t* dauert; plur. 3. *licô-nt* gefallen, *tilô-nt* eilen, *wonô-nt* und *wonu-nt* bleiben, *witinô-nt* und *witinu-nt* strafen, *gi-trûu-nt* hoffen, *minnu-nt* lieben, *macu-nt* machen. — Optativformen sind belegt, wobei das hier erscheinende schlieszende *e* oder *i* nur als Verderbung des stammbildenden Elementes, nicht als modales (§ 16) angesehen werden musz: sg. 1. *like* gefalle, *wise* besuche; sg. 3. *bëde* bete, *gewie* segne, *wone* bleibe, *ge-nâthi* sei gnädig; plur. 3. *scama-n* und *scami-n* schämen, *lovi-n* loben, *blithi-n*, aber auch *blithe-nt* freuen sich. — Imperativformen kommen mehrfach vor, sg. 2. *far-diligô* vertilge, *ilô* eile, *be-kunnô* versuche, *tilô* eile, *ge-scauwô* schaue, *genâthô, genâthe*

und *genáthi* genade; plur. 2. *ge-trúi-t* vertraut, *gi-mikili-t*
preiset. — In den Infinitivformen ist das Schwanken des stammbildenden Vocals weniger zu bemerken: neben *ordô-n* wohnen,
bëdô-n beten, *fakó-n* schlummern, *blithô-n* freuen, *guolikô-n*
rühmen, *gelikón* gefallen, begegnen *blitha-n*, *guolika-n*, *gelika-n*,
neben *lovó-n* loben *lova-n*, mehr im Particip des Präsens:
bari-nda sprossend, *blithe-nderô laetantium*, *vol-wone-nde per-
manens*, *licô-ndi* gefallend, plur. *scami-nda* schämende, u. a.
  Die Präteritalformen finden sich meist in alter Weise:
sg. 1. 3. *andô-da* eiferte, *barô-da* offenbarte, *tilôda* eiferte,
2. sg. *corô-dôs* erforschtest, *far-diligô-dôs* vertilgtest, plur. 3.
be-hoscô-dun spotteten, *facô-don* schliefen, *haltô-don* hinkten, u. a.;
mit geschwächtem stammschlieszenden Vocal: *gi-mársa-da* ver-
herlichte, *wone-dos* bliebest, *hate-don* neben *hatô-don* hassten,
tholu-dun sustinuerunt (Ps. 55, 8) u. a.   Als Optativform ist
bezeugt *tholô-di sustinuissem* Ps. 54, 13. Participia des Prät.
begegnen: *far-diligô-t* vertilgt, *gelica-d* gefallen, pl. *ge-corô-da*
gewählte, *ge-lovô-da* gelobte, *ge-scamô-da* beschämte.

  Als grosze Seltenheit und nur an zwei Beispielen je der
ersten und zweiten Classe findet sich, dasz von dem Personalsuffixe *-nt* der 3. plur. präs. nach Werdener und altsächsischer
Weise der Nasal gewichen ist: *arvéthia-t tribulant* Gl. Lips. 42,
scawô-t respiciunt Ps. 65, 7.   Umgekehrt hat einigemal der
Cottonianus den Nasal nach der Weise der Psalmen erhalten
(vergl. § 20): *tholô-nd* sie dulden 1321, eine Form die sich
auch auf die 2. pl. überträgt: *gornô-nd* ihr klagt 4726, und
mehrfach hier als Imperativform erscheint: *seggie-nt* sagt 4542,
márie-nt verkündigt 4647, *ge-hugge-nt* gedenket 4653.

§ 26.

Verba präterito-präsentia.

  Verba präterito-präsentia sind eine Reihe von ablautenden
Verben genannt worden, die Präsensformen nicht mehr zeigen,
Präteritalformen im präsentialen Sinne anwenden, und sich
zum Ausdrucke präteritalen Sinnes eine neue Präteritalform
nach Art der schwachen Verben schaffen. Solche Verben haben
demnach nur ein doppeltes Präteritum, eins, das aus der präteritalen in die präsentische Bedeutung umschlug, wie z. B.
die Präteritalform *wêt* der 4. Ablautgruppe, von der das alte
Präsens *wita-n* sich der Bedeutung nach vollständig getrennt
hat, zunächst aussagt ich habe gesehen, woraus ich weisz her-

orging; und ein neues, erst nach Festsetzung des zuletzt
rwähnten Sinnes aus dem Stamme für die mehrsilbigen
räteritalformen geschaffenes, z. B. *wis-sa* aus *wit-da, wis-ta*
:h wuste.

Verben dieser Art gibt es im altsächsischen und alt-
iederfränkischen eilf, die sich nach den Ablautgruppen folgender-
iaszen verteilen.

I. Der ersten Gruppe angehörig:

1. Präs. sg. 1. 3. *kan* ich weisz, kenne, mit dem Compos.
i-kan. plur. *kunnun.* Prät. *konsta.* Optat. *konsti*, mit dem
'ompos. *bi-konsti* und *bi-kunsti.*

2. von einem *an, gi-an* ich gönne, plur. *unnun*, dessen
eue Präsensformen unbelegt sind, wird gewährt das neue
'rät. *gi-onsta* gönnte, mit dem Compos. *af-onsta* misgönnte.

3. Präs. *tharf* und *bi-tharf*, habe nötig, brauche, plur.
turbun und *bi-thurbun.* Opt. plur. *thurbin.* Prät. sg. *thorfta,*
lur. *thorftun.* Optat. *thorfti*, plur. *bi-thorftin.*

4. Präs. *gi-dar* wage (aus älterem *ga-dars*). Prät. *gi-*
orsta, plur. *gi-dorstun.* Opt. *gidorsti*, plur. *gidorstin.*

II. Der zweiten Gruppe zufallend, doch mit Abweichungen
n Stammvocal für die mehrsilbigen Präteritalformen:

5. Präs. sg. *skal* ich soll, werde, in den Psalmen auch
al, plur. *skulun*, in den Psalmen *sulun, sulen, solun, solon*
nd *salun.* Optat. *skuli*, plur. *skulin.* Prät. sg. *skolda*, plur.
koldun. Optat. *skoldi*, plur. *skoldin.*

6. Präs. *mag* ich vermag, kann, plur. *mugun.* Optat.
g. 1. 3. *mugi*, 2. *mugis*, plur. *mugin.* Prät. sg. 1. 3. *mahta*
nd *mohta*, 2. *mahtes*, pl. *mahtun* und *mohtun.* Opt. sg. 1. 3.
nahti und *mohti*, 2. *mahtis* und *mohtis*, plur. *mahtin* und
nohtin.

7. Präs. *far-man* ich verachte. Prät. *far-monsta*, plur.
ar-muonstun (Hel. 5288 Cott.).

III. Der dritten Gruppe zufallend:

8. Präs. *mot*, niederfr. *muot*, habe Raum, kann, darf,
lur. motun. Opt. sg. 1. 3. *moti*, 2. *motis*, plur. *motin.* Prät.
g. 1. 3. *mosta*, niederfr. *muosta.* Optat. *mosti*, plur. *mostin.*

IV. Der vierten Gruppe zufallend, zum Teil (Nr. 10)
nit Unregelmäszigkeiten:

9. Präs. sg. *wet* weisz, Psalmen *weit* und *weiz*, pl. *witun.*
Optat. sg. *witi*, plur. *witin.* Prät. sg. *wissa* (in den Psalmen
uista), plur. *wissun.* Optat. sg. *wissi*, plur. *wissin.* Mit der

Negation contrahiert kommt die Form *nêt* ich weisz nicht Hel. 556 vor.

10. Prs. plur. *êgun* wir haben. Opt. sg. *êgi*, plur. *êgin* Prät. sg. *êhta*, plur. *êhtun*. Optat. sg. *êhti*.

V. Der fünften Gruppe gehört an

11. Präs. sg. 3. *dôg* es taugt, nützt; plur. 3. *dugun* Optat. sg. 3. *dugi*, plur. 3. *dugin*.

Die 2. sg. des nunmehrigen Präsens dieser Verben zeigt eine von den starken Verben (§ 19) abweichende Bildung, sie hat, wie die starken Verba im gothischen, noch ein Personal-suffix; folgende hierher fallende Formen sind bezeugt: *kan-st* du weist, *tharf-t*, *bi-tharf-t* bedarfst, *skal-t* du sollst, in den Psalmen *sal-t* und mit inclinierendem Pronomen *sal-tu*, *mah-t* du vermagst, *far-man-st* verachtest, *môs-t* kannst, *wês-t* weist, (für *môt-t*, *wêt-t*, § 14, 6), in den Psalmen *weis-t*. Nominal-bildungen treten nur vereinzelt auf, es ist belegt der Infinitiv *wita-n* wissen, in den Psalmen *witton*, und das Participium präs. *wita-ndi* wissend, *un-wita-ndi* unwissend (alts. Beichte 48), sowie der Inf. *êga-n* haben, augenscheinlich junge Bildungen. — Andere als die in vorstehendem ausdrücklich aufgeführten Formen können nicht nachgewiesen werden.

Zu diesen eilf Verben tritt ein zwölftes, das Verbum der Bedeutung wollen, das einst in gothischer Zeit sein altes Prä-teritum, späteres Präsens, nur in optativer Form ausgeprägt hatte, während das neugebildete Präteritum indicative und optative Formen entwickelte. Das altsächsische und altnieder-fränkische strebt nach den ersteren auch im Präsens, und es entwickelt sich, indem man sie nach Analogie der ersten schwachen Conjugation herzustellen sucht, ein Schwanken, das das folgende Verzeichnis belegbarer Formen veranschaulicht:

Präs. sg. 1. *willeo*, *wělleo*, *williu*; *willie*.
2. *wili*, *wilt*; *willeas*, *willies*, *wöllies*.
3. *wili*, *wilit* (Heliand Cott. 1687), *willie*,
    willea, *wěllie*, *wille*, *wělle*.
pl. 3. 1. 2. *williad*, *wěllead* (*wělleant* Hel. Cott.
    3620); *willean*; Psalmen *wilunt*.

Prät. Ind. sg. 1. 3. *wělda* und *wolda*.
2. *wěldes*.
pl. 3. 1. 2. *wěldun* und *woldun*.
Opt. sg. 1. 3. *wěldi*.
pl. 1. 3. *wěldin*.

Hierzu tritt noch die Infinitivform *willian*, das Particip *illeandi*, *williendi*, *willendi* im Sinne von willig, freiwillig, nd eine Imperativform, doch nur für die 2. pl.: *willead* wollet.

§ 27.

Verben ohne präsentiale Stammbildung.

Eine altertümliche Weise der Conjugation sieht im Präsens on einer Stammbildung mittels determinierender Elemente } 17. 18) ab, verwendet die Wurzel zugleich als Stamm, und igt an dieselbe direct Personal- und Modalsuffixe an, die zum 'eil besser erhalten sind, als bei den Verben gewöhnlicher Art. 'on solchen Verben begegnen im altsächsischen und altnieder-ünkischen vier, doch nicht immer in allen Formen, und zum 'eil nach Stammbildung strebend.

1. Die Wurzel *dô-*, altnfr. *duo-* tun.

Hier erscheinen neben einander alte und junge präsentiale 'ormen. Die letzteren bilden sich nach Analogie entweder der blautenden Verben oder der schwachen zweiter Classe, in inem Falle auch (plur. des Optativ) der schwachen erster)lasse, indem sie wahrscheinlich zugleich teilweise Wurzel-erkürzung eintreten lassen. So entstehen die Nebenstämme *'ôa-*, *dua-*, *duô-* und *dôia-*, im Monacensis des Heliand häufig ıeben den alten echten Formen gehend, doch auch dem)ottonianus nicht fremd.

	Alte Formen.	Junge Formen.
	Indicativ.	
)g. 1.	*dô-m, dô-n*, altnfr. *duo-m, duo-n.*	*duô-m* (Mon.).
2.	*dô-s*, Cott. u. Ps. *duo-s.*	*duô-s* (Mon.).
3.	*dô-d*, Cott. u. Ps. *duo-t.*	*dôi-d*, *duô-d* im Mon.
)l. 3. 1. 2.	*dô-d*, Cott. u. Ps. *duo-t.*	*dua-d* beide Codd.,
		duô-t Mon.
	Optativ.	
)g. 1. 3.	*dô-e*, Psalmen *duo-*.	*dua-*, *due-*.
2.	?	.
)l. 3. 1. 2.	*dô-e-n*, Psalm. *duo-n.*	*dua-n*, Cott. *duoia-n.*
	Imperativ.	
)g. 2.	*dô-*, Cott. u. Ps. *duo-*.	*gi-duô-* Mon.
)l. 2.	*dô-d*, Cott. u. Ps. *duo-t.*	*dua-t.*
	Infinitiv.	
dô-n, Cott. u. Ps. *duo-n.*		*dôa-n*, *dua-n*, Ps. *due-n.*
	Particip.	
duo-nda in den Ps.		

In den Präteritalformen zeigt sich die Wurzel entweder
als *da*-, und der Präteritalstamm tritt alsdann, in uralter, sonst
überall untergegangener Weise durch Reduplication gebildet,
als *di-da*, *dë-da* hervor; oder eine secundäre Wurzelform *dad*-
wird nach Analogie der ablautenden Verben zweiter Classe
behandelt.

Indicativ.

Sg. 1. 3.   *dë-da*-, Psalmen *di-da*-.
    2.   *dë-dô-s*; *dâd-i*-, Psalmen *dêd-i*-.
Pl. 3. 1. 2. *dë-d-u-n*; *dâd-u-n*.

Optativ.

Sg. 1. 3.   *dë-d-i*-; *dâd-i*-.
    2.   ?
Pl. 3. 1. 2. *dë-d-i-n*.

Der Stamm des Part. prät. variiert mehrfach: neben *ge-
dô-n* Bed. 11 und *ge-dâ-n* in den Psalmen hat der Heliand
gi-dôa-n, *gi-dua-n*, *far-dua-n* verworfen, und *gi-due-n*.

2. Die Wurzel *stâ*- stehen.

Von ihr finden sich die präsentialen Formen sg. 3. des
Indic. *stâ-d* er steht, plur. 3. *stâ-d* sie stehen im Heliand,
2. sg. des Imperativs *stâ*- und Infinitiv *stâ-n* in den Psalmen.
Hierneben erscheint die Wurzel als *stê*- (§ 5) in der 2. und
3. sg. des Indicativs *stê-s*, *stê-d* oder *stê-t* in beiden Heliandhandschriften. Versuch ein stammbildendes Element einzu-
führen, liegt vor in der Form *stêi-s* Hel. Mon. 4351. — Im
Uebrigen gelten die Formen der Wurzel *stand* stehen, § 18, III.

3. Die Wurzel *gâ*- gehen.

Bildungen von ihr bringen die Heliandhandschriften nicht,
die Freckenhorster Rolle hat die declinierte Infinitivform *in te
gâ-nde* für *in te gâ-nne*, die Psalmen geben den Inf. *gâ-n* mit
dem Dativ *(te)* *ful-gâ-nni* nachzueifern; eine Nebenform der
Wurzel *gê*- tritt in der 3. sg. des Indic. *be-gê-d* begeht
Bed. 3 zu Tage. Andere Formen werden von der Wurzel
gang- gebildet, § 17, I.

4. Das Verbum sein.

Die präsentialen Formen dieses Verbums sind genommen
von den Wurzeln *bu* und *as*, die keine Stammbildung eintreten

assen, und von der Wurzel *was*, die der Art der ablautenden
zweiter Gruppe (§ 18) folgt. Die erste Wurzel tritt gewöhn-
ich mit verlängertem Wurzelvocal in der 1. sg. ind., mit ver-
stümmelten in der 2. sg. ind. hervor, die zweite, in den meisten
Fällen nur noch dem Auslaute nach erhalten, in den andern
indicativformen und im Optativ, welcher Modus das modale
Element in eigentümlicher, sonst im altsächsischen und altniederfränkischen nicht vorkommender Weise zeigt, die dritte
beherscht den Imperativ und die nominalen Bildungen; auszer-
lem sind die präteritalen Formen ausschliesslich von ihr
gebildet.

Die Conjugation ist diese:

Präsens.

	Indicativ.	Optativ.	Imperativ.
Sg. 1.	*biu-m*, Ps. *bi-m*, *bi-n*.	*s-î*.	
2.	*bi-st*, Ps. auch *bi-s*.	*s-î-s*.	*wis*, *wës*.
3.	*is-t*, *is-*.	*s-î*, Ps. *sîe*.	
Pl. 3. 1. 2.	*s-ind*, erweitert *s-ind-un*.	*s-î-n*.	*wësa-d*.

Infinitiv.	Particip.
wësa-n.	*wësa-ndi*.

Präteritum.

	Indicativ.	Optativ.	Particip.
Sg. 1.	*was*.	*wâr-i-*.	(*gi-*) *wës-a-n*.
2.	*wâr-i*.	*wâr-i-s*.	
3.	*was*.	*wâr-i-*.	
Pl. 3. 1. 2.	*wâr-u-n*.	*wâr-i-n*.	

Die volle Form *is-t* der 3. sg. präs. ist den Werdener
Denkmälern und den Psalmen, selten dem Monacensis des
Heliand gerecht, der *is* bevorzugt; mit der Negation verbunden
begegnen *nist* und *nis*, ist nicht. Die erweiterte Form der
3. plur. *sind-un* hat dem präsentialen Personalsuffix noch das
präteritale beigefügt, eine Nebenform *sundon* steht Freck. 543.
Neben der gewöhnlichen Optativform *sî* sei findet sich zweimal
wësa Hel. 1660, *wëse* 3221, in beiden Codd. Ueber die
Imperativform *wës* für *wis* vergl. § 19.

5*

§ 28.

Sonstige Bemerkungen zur Conjugation.

1. **Mischungen starker und schwacher Formen.**
Das reduplizierende Verbum *sáian* säen, prät. *sêu,* hat im
Cottonianus die schwachen Präteritalformen 2. sg. *sáidôs* du
sätest, Opt. 3. sg. *sáidi* hätte gesät gebildet. — Das einst ebenfalls reduplizierende *búan* wohnen hat nur noch im Monacensis
den stark formierten Infinitiv, sonst das schwache Prät. *búida.*
Im Cottonianus und den Psalmen ist das Verbum in die zweite
schwache Conjugation übergetreten: 3. sg. *búô-t* wohnt, Inf. *búô-n.*

2. **Zur schwachen Conjugation.** Das Verbum
thunkia-n dünken läszt im Prät. den Nasal schwinden, unter Verlängerung des vorhergehenden Vocals: *thûh-ta* Hel. 682; ebenso
thenkia-n denken, in den Psalmen *thenka-n,* das gleichzeitig
Rückumlaut entwickelt: *thâh-ta,* plur. *thâh-tun.* Ganz wie
thenkia-n verhält sich *brengia-n* bringen, prät. *brâh-ta,* part.
prät. *brâh-t.* Neben den präsentialen Formen dieses Verbums
erscheint im altniederfränkischen, nicht im altsächsischen, auch
ein starkes, der ersten Gruppe ablautender Verben angehöriges
bringan, zu dem präteritale Formen nicht vorkommen. — Die
Verben *wirkia-n* und *werkia-n* wirken gehen so neben einander, dasz das erstere in den präsentialen Formen durchaus
dominiert *(werkian* steht alts. Beichte 4), das letztere dagegen
in den präteritalen, wo unter Eintritt des Rückumlauts *warh-ta*
ich wirkte, plur. *warh-tun,* part. *gi-warh-t* statt hat. — Zu
buggea-n kaufen, zahlen, findet sich das Participium prät. *gi-
boh-t* Hel. 298; andere präteritale Formen sind unbezeugt.

§ 29.

Das Nomen. — Allgemeines.

Das Genus des altsächsischen und altniederfränkischen
Nomens ist dreifach: Masculinum, Femininum, Neutrum; der
Numerus nur zweifach: Singular und Plural.

Die Declination geschieht ursprünglich durch Anfügung von
Casusendungen an die feste Grundform eines Wortes, die der
Stamm oder die Stammform genannt wird. Es sind vier Casus
ausgeprägt, Nominativ, Accusativ, Dativ und Genitiv, ein fünfter,

der Instrumentalis, nur am Masculinum und Neutrum und nur
im Singular.

Der Auslaut der Grundform oder des Nominalstammes
ist ein beschränkter. Die Stämme lauten aus entweder auf
die kurzen Vocale *a, i, u,* oder auf die Consonanten *n, r, nd.*
Je nach diesem Auslaut erscheinen die Casusformen in etwas
veränderter Gestalt, da sich die ursprünglich ganz gleichen
Casussuffixe nicht gegen jede Stammendung auch gleich verhalten, vielmehr, und zum Teil mit dieser gemeinschaftlich,
mehr oder weniger verderben oder zurückgehen. Es entstehen
so zwei Hauptdeclinationen. die der vocalischen und die der
consonantischen Stämme, die wider in so viel Unterarten zer-
fallen, als verschiedene Stammesausgänge vorhanden sind. Die
Declination der Stämme auf vocalischen Ausgang ist von
J. Grimm die starke, die der Stämme auf -*n* die schwache
genannt werden.

Das Adjectivum hat, in Folge Composition mit einem
Pronomen, zum Teil andere Casusformen als das Substantiv
entwickelt, daher seine Declination besonders zu betrachten ist.

§ 30.

Declination der Substantivstämme auf -a.

Es sind Stämme aller drei Geschlechter, von denen die
Masculina und die Neutra der Form nach am nächsten zusammen stehen. Im Singular ist bei denselben der Stammes-
auslaut entweder voll erhalten oder zu *e* abgeschwächt im
Dativ und Genitiv; geschwunden ist er im Nominativ, Accusativ und Instrumentalis. Im Plural zeigt er sich entweder
verlängert (nom. acc. der Masculina), oder zu *u* geschwächt
(dat. der Masculina und Neutra, nom. acc. der kurzsilbigen
Neutra) oder endlich geschwunden (gen. beider Geschlechter
und nom. acc. der langsilbigen Neutra). Casussuffixe sind,
jedoch nur trümmerhaft, erhalten im Singular am Genitiv und
Instrumentalis, im Plural am Nominativ der Masculina, der
für den Accusativ mit functionieren musz, und am Genitiv
und Dativ beider Geschlechter.

Die Neutra lassen im Plural am Accusativ, der wie beim
Neutrum auch im Singular stets, zugleich den Nominativ mit
vertritt, eine verschiedene Behandlung des Stammesschlusses
eintreten, je nachdem die Stammsilbe lang oder kurz ist. In
ersterem Falle fällt das stammschlieszende *a* ganz weg; in
letzterem Falle erscheint es noch, aber zu *u* verdumpft, sicherlich

als Nachwirkung eines Nasals in dem längst abgefallenen
Casussuffix, wie er sich z. B. in der entsprechenden Accusativform plur. auf *-áni* bei den altindischen Neutris findet.

Paradigma für die Masculina und Neutra.

Masculinstamm *daga-*; Neutralstämme *worda-*, *baka-*.

Sg.	nom.	*dag* Tag.	*word* Wort.	*bak* Rücken.
	acc.	*dag.*	*word.*	*bak.*
	instr.	*dag-u.*	*word-u.*	*bak-u.*
	dat.	*daga, dage.*	*worda, worde.*	*baka, bake.*
	gen.	*daga-s, dage-s.*	*worda-s, worde-s.*	*baka-s, bake-s.*
Pl.	nom.	*dagó-s.*	*word.*	*baku.*
	acc.	*dagó-s.*	*word.*	*baku.*
	dat.	*dagu-n.*	*wordu-n.*	*baku-n.*
	gen.	*dag-ó.*	*word-ó.*	*bak-ó.*

Der Instrumentalis ist nur im altsächsischen und den
Werdener Denkmälern in Verwendung, zum Teil mit dem
geschwächten Suffix *-o* (*bluod-o* mit Blut Werdener Psalmencomm. 42), in den Psalmen ist er unbelegt. Die vollen Formen
des Dat. und Gen. Sg. sind im Allgemeinen die seltener er-
scheinenden, in den Psalmen begegnen sie nicht, dafür tritt
neben tonlosem *e* ein tonloses *i* auf (*dagi-s* des Tages, *bluodi*
sanguine u. a.). Die Fälle, in denen im Dat. Sg. der Stammesschlusz ganz abfällt, sind selten; es begegnet einigemal der
dat. *dag* in der alts. Beichte und in den Psalmen. — Der
Ausgang der pluralen Nominativform auf *-ós* bei den Masculinen
ist dem altsächsischen und der Werdener Mundart gerecht,
doch nicht ohne dasz dort häufiger, hier seltener (*slutilás*
Schlüssel Hel. Mon. 3073, *dagás* Tage Hel. Cott. 3982) die
Nebenform auf *-ás* erschiene, vergl. § 8, 1. S. 12. Die
Freckenhorster Rolle hat den Ausgang *-ós* nur noch selten
(*kiesós* Käse 123. 547, *ruslós* Fettstücke 507), daneben *-ás*
(*kiesás* 226), meist ist das Casussuffix *-s* geschwunden, und
so entstehen die Formen *hovä* Höfe 171 u. ö., *penningä*
Pfenninge 209. *scillingä* Schillinge 249 u. ö., *ferscangä* Frischlinge 226, von denen die letztere bis auf *verscange* 6 zurückgehen kann; die Essener Rolle hat ebenso *bikerä* Becher
mehrmals. Der Abfall des Casussuffixes ist im Cottonianus
sehr selten (*slutilä* Schlüssel 3073), in den Psalmen ohne
Ausnahme durchgeführt (*dagá* Tage, *bergá* Berge, *leperá*
Lippen u. a.), die Länge des nunmehr auslautenden *a* verbürgt
der Umstand, dasz dasselbe niemals zu *e* oder *i* geschwächt

erscheint. — Das Suffix des Dativs plur. war einst -*m* und findet sich als solches noch im Taufgelöbnis *(wordu-m, wercu-m, unholdu-m;* vereinzelt auch im Cott. im Fem. der *i*-Declination, § 31), sonst ist es überall zu -*n* zurückgegangen. Der davor stehende stammschlieszende Vocal ist im altsächsischen gewöhnlich -*u,* selten -*o (werko-n, githanko-n* u. a. in der Beichte, oder -*e (kietelâre-n* den Kesselmachern Freckenh. 538), in den Werdener Denkmälern ist der Schlusz -*on* nicht unhäufig, in den Psalmen durchaus gewöhnlich; selten dasz hier auch -*an* sich findet *(harma-n calumniis* Gl. Lips. 548).

Ableitungsvocale mehrsilbiger Stämme werden ausgestoszen, wenn die Wortform in der Flexion sich sonst verlängern würde: es heiszt nom. acc. sg. *hôbid* Haupt, aber instr. *hôbdu,* dat. *hôbda,* gen. *hôbdes,* gen. plur. *hôbdô;* nom. *silubar* Silber, gen. *silubres,* dat. *silubre; bôkan* Zeichen, dat. *bôkna,* gen. pl. *bôknô; hungar* Hunger, dat. *hungre,* gen. *hungres* u. a.

Eine in den althochdeutschen Dialecten verbreitete neutrale Pluralbildung, die an die Stammsilbe ein Suffix -*ir* hängt, ist im altsächsischen nur in Spuren nachzuweisen, insofern in der Freckenhorster Rolle vom Stamme *hôna-* Huhn, der gen. plur. *hôn-er-ô,* vom Stamme *eia* Ei der gen. plur. *ei-er-ô, ei-r-ô* erscheinen.

Stämme auf *ia-* behalten im altsächsischen und in der Werdener Mundart das *i* = *j* in allen Casus (zwei Ausnahmen § 14, 2), nur dasz dasselbe nach dem § 14, 2 gesagten oft als *e* sich zeigt, so dasz beispielsweise von dem masculinen Stamme *hirdia-* Hirte der nom. acc. sg. *hirdi,* dat. *hirdea* oder *hirdie,* gen. *hirdie-s* oder *hirdea-s,* nom. acc. pl. *hirdiô-s* oder *hirdeô-s* u. s. w., vom neutralen Stamme *kunnia-* Geschlecht, nom. acc. sg. *kunni,* dat. *kunnie, kunnea,* gen. *kunnea-s, kunnie-s* u. s. w. gebildet wird. Selten ist im Cottonianus das *j* in den obliquen Casus unterdrückt, z. B. im gen. sg. *kunnes* des Geschlechts 74, im dat. plur. *bilidon* Bildern 2540, im dat. sg. *giwirke* dem Werke 3429 (neben *giwirkie* 20), *huge* dem Sinne 5287 (neben *hugie),* u. a. Die Unterdrückung desselben an dieser Stelle ist in den Psalmen Gesetz, so dasz Stämme der angegebenen Endung nur noch im nom. acc. sg. als solche erkannt werden können *(ruggi* Rücken, gen. *rugi-s; kunni* Geschlecht, gen. sg. *kunni-s,* gen. plur. *kunnô* u. a.).

Für einige solche Stämme ist in den beiden Handschriften des Hel. die Formenbildung derart erstarrt, dasz die Nominativform des Sing. auch für andere Casus fungiert. Vom Masculinstamme *winia-* Freund wird der nom. sg. *wini* auch für nom. acc. plur. verwendet, ebenso vom Stamme *quidia-* Rede der nom. acc. sg. *quidi;* der nom. sg. *hugi* Sinn vom Masculin-

stamme *hugia-* steht auch für den Instrumentalis und für den
Dativ sg., woneben die eigentlichen Formen *hugi-u* und *hugea*
oder *hugie* seltener begegnen; ebenso der nom. sg. *seli* Saal
(Masc.-Stamm *selia-*) zugleich für den Dativ und den Acc. pl.
(*horn-seli* mit Hörnern versehene Säle 3687).

Stämme auf *wa-* nach vorausgehendem Vocale, rücksichtlich deren alle altsächsischen und altniederfränkischen Denkmäler übereinstimmenden Brauch zeigen, vocalisieren das *w*
zu *u* oder *o*, sobald es in den Auslaut tritt (nom. acc. sg. und
beim Neutrum auch plur.). Daher kommen von den männlichen Stämmen *sêwa-* See, *êwa-* Gesetz, *hlewa-* Obdach, *hléwa-*
Grab, *snêwa-* Schnee, die nom. acc. sg. *sêu* oder *séo*, *êu* und
éo, *hleo*, *hléo*, *snêu* oder *snéo*; und von den neutralen *knêwa-*
Knie, *trêwa-* Baum, *hrêwa-* Leib, die nom. acc. beider Numeri
knêo und *knio*, *trêo*, *hrêo*. Die bei einzelnen *ja-*Stämmen beobachtete Casusversteinerung zeigt sich hier am Stamme *êwa*
Gesetz, dessen Nominativ *êu* oder *éo* auch den Dativ vertritt,
soweit nicht dessen eigentliche Form *êwa* in Anwendung kommt.
Vom Stamme *sêwa* See ist der Nom. bis zu *sê* zurückgegangen
Hel. Mon. 1152. — Von den Stämmen auf *-wa* nach vorauf-
gehendem Consonanten erscheinen im altsächsischen, in der
Freckenhorster Heberolle, zwei, *mêlwa-* Mehl und *smêrwa-*
Schmer nur in dem gen. sg. *mêlas* und *smêras*, in denen *w*
gewichen ist; dasz dasselbe in dem nom. sg. vocalisiert sich
hielt (*mêlo, smêro*) kann nach dem im Heliand 388 erscheinen-
den Compositum *êhu-skalk* Rosshüter vermutet werden, in
welchem der erste Teil aus dem Stamme *êhwa-* (goth. *aihva-*)
hervorgegangen ist. Die altniederfränkischen Psalmen behandeln solche Stämme verschieden: Stamm *horwa- stercus* zeigt
den nom. sg. *horo* (Gl. Lips. 581) und den Dat. sg. *horwe*
und *horowe*; Stamm *smêrwa-* Schmer dagegen hat seinen nom.
bis zu *smêr* verkürzt (*kuo-smêr butyrum* Gl. Lips. 196), und
bildet den dat. *smêre* und *smêri* neben *smêrewe*.

Die Feminina haben im Singular keine eigentliche
Declination mehr, insofern jedes Casussuffix geschwunden ist,
und die verschiedenen Casus nur durch abweichende Behandlung des Stammesschlusses, der teils rein, teils verlängert, teils
geschwächt auftritt, geschieden werden. Ein Instrumentalis
erscheint hier nicht (§ 29). Im Plural hat der Nominativ, der
zugleich für den Accusativ steht. kein Casussuffix mehr, erhalten haben es dagegen der Dativ, und der Genitiv; das
Suffix des letzteren tritt, durch ein *-n* von wol ursprünglich
pronominal-demonstrativer Bedeutung vermittelt, an den im
Auslaut zu *o* geschwächten Stamm.

Paradigma.

Stamm *gëba-* Gabe.

Sg.		Pl.	
nom.	*gëba.*	nom.	*gëbâ.*
acc.	*gëba.*	acc.	*gëbâ.*
dat.	*gëbu.*	dat.	*gëbu-n.*
gen.	*gëbâ.*	gen.	*gëbo-n-ó.*

Für das schlieszende *u* des dat. sg. findet sich *o* selten im Monaccnsis des Heliand *(ërdo* Erde 1607, *thiodo* Volke 2156), sowie im Werdener Psalmencommentar *(forhto* der Furcht 54); selten auch, dasz die Dativform den Genitiv vertritt: der gen. *ërdu* steht Hel. 566, *fruma* des Nutzens 3344, *forhtu* der Furcht Werd. Psalmencomm. 62. Der Cottonianus hat bisweilen für den Dativ die reine Stammform, die sonst im nom. acc. hervortritt: *te fróbra* zum Troste 2206, *mid is henginnia* durch seine Kreuzigung 5435, ähnlich 5591, *thioda* dem Volke öfters; ein Brauch den nicht nur auch die Psalmen kennen: *héra cilicio* Gl. Lips. 564. *sálda* neben *sáldo salutari* 777, 778, und mit Schwächung zu tonlosem *e (in) givullithe in abundantia* 523, *prësme negotio* 735, *an hulpe* zu Hilfe Ps. 69, 2, sondern der auch vereinzelt in kleinere altsächsische Denkmäler hinüberreicht: *ran lërnunga institutione* Straszb. Gl. 106, *ërda apiastro* das. 162, *thero samnanga* der Priesterschaft in der Freckenhorster Rolle mehrmals. — Die Einschiebung von *-n* im gen. plur. ist nur ganz ausnahmsweise unterlassen: *gëb-ó* der Gaben 4399 Mon., *wunnc-ó* der Wonnen 2356 Cott., vielleicht auch *diurd-ó* der Ehren 2140 Mon., wenn hier nicht eine Singularform vorliegt, so dasz *diurdó* für *diurdâ* steht (der Cott. hat *diurdu)*; die Form *hofn-ó* der Wehklagen 746, für die *hofno-n-ó* gesetzmäszig wäre, vermeidet zwei unmittelbar auf einander folgende *n.* Dasz das Casussuffix des gen. plur. gewichen ist, wird einmal in einem Werdener Heberegister beobachtet *(bónon* der Bohnen), einmal vielleicht auch in der Münchener Heliandhandschrift, *sundeon* der Sünden 3870, wenn hier nicht ein gen. sg. nach der consonantischen Declination vorliegt; denn wegen des Uebertritts der Feminina in diese letztere vergl. unten § 33.

Von den Stämmen auf *-ia* assimilieren im Heliand nur einige das *i = j* an ein vorhergehendes *n,* nämlich *henginna* Hängen, Kreuzigung 5169, 5591, *stëmna* Stimme 1000 u. ö., *wunna* Wonne 5941, neben *henginnia, stëmnia, wunnia* und *wunnea;* in den Psalmen ist es überall untergegangen *(sunda* Sünde gegen alts. *sundia, stimma, stëmma* Stimme, u. a.). Ein

Stamm, *wôstunnia-* Wüste, hat im dat. sg. eine bemerkenswerte Formverkürzung: neben *wôstunniu* auch *wostunni* (Hel. 2813 u. ö.).

Besondere Formenbildung zeigen: 1. Stamm *hellia-* Hölle, der neben einem männlichen Stamme *hella-* hergeht, und wol in Folge dessen im Sing. eine bedeutende Formverkürzung eintreten läszt, so dasz neben dem acc. *hellia* auch *hel*, neben dem dat. *helliu* auch *hell* und *hel*, neben dem gen. *hellia* wenigstens im Cott. auch *helli* erscheint. 2. Stamm *thiwa-* Magd, der im Mon. des Heliand den verkürzten nom. sg. *thiu* 285. 4958 zeigt, während an der letzteren Stelle im Cottonianus der nom. sg. *thiwi* (Handschrift *thiui*) gewährt wird, der in ähnlicher Verkürzung aus einem Nebenstamme *thiuja-* erwächst. 3. Stamm *halba-* Seite, von dem öfter im Heliand neben dem acc. sg. *halba* die gekürzte Form *half* erscheint.

§ 31.

Declination der Substantivstämme auf -i.

Es sind masculine und feminine. Das Masculinum hat seine Singularformen mit Ausnahme der des Instrumentalis ganz denen der *a*-Stämme gleich gemacht; der Instrumentalis ist in dem einzigen nachweisbaren Falle vom *i*-Stamme gebildet *(wihti-u* vom Stamme *wihti-* Ding), doch kann hier das Casussuffix schwinden und der reine Stamm als Instrumentalis fungieren. Im Plural erscheint der verlängerte Stammesausgang an dem suffixlos gewordenen Nom. und Acc., der einfache oder geschwächte vor dem Suffix des Genitivs und im Dativ, welcher letztere Casus auszerdem im altsächsischen und in den Werdener Denkmälern durch Annahme des verdumpften Stammesschlusses der *a*-Stämme vor dem Suffixe erweitert ist. — Das stammschlieszende *i* wirkt schwankend Umlaut.

Paradigma.

Stamm *gasti-* Gast.

Sg. nom. *gast*.   Pl. nom. *gasti, gesti*.
acc. *gast*.   acc. *gasti, gesti*.
instr. *gasti-u*.   dat. *gastiu-n, gestiu-n*.
dat. *gastu, gaste*.   gen. *gasti-ô, geste-ô*.
gen. *gasta-s, gaste-s*.

Die hierher fallenden Masculina in den Psalmen haben
die Verlängerung des stammschliesszenden Vocals im nom. acc.
plur. jedenfalls nicht mehr, da sich häufiger an Stelle desselben
tonloses *e* findet *(träni* Trähnen, *scefti* und *scefte* Schäfte,
strikke Stricke, *tende* Zähne). Dasz der Dativ plur. die oben
genannte Erweiterung nach der *a*-Declination habe, ist unwahr-
scheinlich; das einzige Beispiel was beweisen würde *(fuotin
minan pedibus meis* Ps. 56, 7) ist unsicher, aber die Analogie
der Feminina gestattet diesen Schlusz. In der Cottonischen
Handschrift des Heliand findet sich éin Beispiel der alten,
unerweiterten Dativform *(trahni-n* den Trähnen 5924 neben
trahnio-n 3500, und *trahno-n* 5525, welche letztere Form
ganz der *a*-Declination zufällt).

Die F e m i n i n a haben im Singular so wenig mehr eine
eigentliche Declination, als die der *a*-Classe; im nom. acc.
erscheint verstümmelter, im dat. gen. voller Stamm ohne Casussuffix, soweit nicht an wenigen altertümlichere Genitivformen
erhalten sind, die das Casussuffix noch retten (vergl. unten).
Die Pluralformen sind denen der Masculina ganz gleich gebildet.

Paradigma.

Stamm *ansti-* Gnade.

Sg.	nom.	*anst.*	Pl.	nom.	*ansti, ensti.*
	acc.	*anst.*		acc.	*ansti, ensti.*
	dat.	*ansti, ensti.*		dat.	*anstiu-n, enstiu-n.*
	gen.	*ansti, ensti.*		gen.	*ansti-ô, enste-ô.*

Für den gen. sg. war einst diesen Femininen, wie den
Masculinen, das Casussuffix -*s* eigen, was folgende Stämme
noch bewahren: Stamm *burgi-* Burg, nom. sg. *burg*, gen.
burge-s; Stamm *kusti-* Wahl, nom. *kust*, gen. *kuste-s*; Stamm
wëroldi- Welt, nom. *wërold*, gen. *wërolde-s* (neben *wëroldi*
Hel. Cott. 585), in den Psalmen *wërldi-s* und *wërildi-s*. Vom
Stamme *gi-burdi-* Geburt, nom. *gi-burd*, ist der so gebildete
Genitiv als masculin oder neutral angesehen worden *(thes
betston geburdies* Hel. 584).

Neben dieser Erhaltung altertümlicher Formen zeigt sich
auch manche Entartung. Neigung, die Form des nom. acc.
sg. auch für andere Casus zu verwenden, macht sich geltend bei
Stamm *burgi-*, wo der dat. sg. *burg* (neben seltenem *burgi)*
lautet (Psalmen *burg* neben *burgi* und *burge)*; Stamm *magadi-*
Magd, wo die Nominativform *magad* auch für den dat. sg.
und nom. acc. pl. dient; Stamm *nahti-* Nacht, dessen Stammes-

verstümmlung, wie die von *burgi-*, schon in gothischen Denkmälern bezeugt ist, und dessen Casus so gebildet sind: sg.
nom. acc. dat. *naht*, gen. *nahte-s;* plur. nom. acc. *naht*, dat.
nahtu-n, gen. *naht-ô;* doch kommt in den Psalmen der dat.
sg. *nahti* neben *naht*, in der altsächs. Beichte der dat. sg.
nahta vor.

Die Annäherung der Dativform des Plurals an die der
a-Stämme ist den Psalmen nur ausnahmsweise eigen, wo
thiado-n den Völkern selten neben *thiadi-n* und *crefti-n* den
Kräften vorkommt, während wider im Cottonianus die alte echte
Dativform selten erscheint; von dem nur im plur. bezeugten
liudi Leute steht einmal dat. *liudi-m* 1277, *liudi-n* 5036, sonst
immer *liudeo-n*, sogar 5319 *liudo-n*. Im Altsächsischen ist
der Trieb, die weiblichen *i*-Stämme nach Analogie der *a*-Stämme
zu declinieren, vereinzelt noch weiter greifend: von den Stämmen *idisi-* Weib, *wâdi-* Gewand, *brûdi-* Braut finden sich im
Monacensis die Singulardative *idisiu* 274, *wâdiu* 379, *brûdiu*
298, wie von *a*-Stämmen gebildet; und der Stamm *lusti-* Lust
ist in den Pluralformen fast durchaus dahin übergetreten, so
dasz sich der nom. acc. *lustâ (lusti* Hel. Cott. 1663), dat. *lustu-n*,
gen. *lusto-n-ô* (alts. Beichte 10) ergeben haben.

Zwei Stämme, *lufti-* Luft und *krafti-* Kraft, weisen sowol
masculine als feminine Formen auf.

Einige sowol männliche wie weibliche Stämme, früher der
u-Declination angehörend, haben sich hierher gewendet (z. B.
goth. Stamm *lustu-*, hier *lusti-*, goth. *skildu-* hier *skildi-);* der
Stamm goth. *þaúrnu-* Dorn ist teils ein *u*-Stamm (nom. plur.
thornós), teils ein *i*-Stamm (dat. plur. *thorniu-n* Hel. 1743
Mon.) geworden. Zwei derselben zeigen als Folge alten Ver-
hältnisses in einzelnen Casus noch Sprödigkeit gegen die
i-Formen, nämlich der männliche Stamm *fôti-* Fusz (goth. *fôtu-*),
dat. plur. *fôtu-n* (nicht *fôtiu-n*), gen. pl. *fôt-ô;* und der weibliche Stamm *handi-* (goth. *handu-*) dat. *handu-n*, gen. *hand-ô*.

§ 32.

Declination der Substantivstämme auf -u.

Die Declination der *u*-Stämme, einst in allen drei Geschlechtern reich ausgebildet, ist nur noch trümmerhaft vorhanden. Was zunächst das altsächsische und die Werdener
Denkmäler betrifft, so haben eine kleine Reihe Masculina und
ein Neutrum in Singularformen, vorwiegend im Nom. Acc. Altes,
namentlich den Stammesschlusz gerettet, andere Formen sind

nach Analogie der *i*- oder der *a*-Stämme neu gebildet; eine
Anzahl Casus endlich sind nicht zu belegen. Nachzuweisen sind
sechs Masculina und ein Neutrum (über ein zweites vergl.
§ 37) in folgenden Casus.

   1. Stamm *sunu*- Sohn. Nom. acc. sg. *sunu* und *suno*.
dat. *sunu*, *suno*, *sunie* und *suni*. gen. *suno*, *sunie-s* und
sunea-s. nom. plur. *suni*.

   2. Stamm *fridu*- Friede, Schutz. Nom. acc. sg. *fridu*.
dat. *fride* im Heliand, *frëthu* Werdener Psalmencomm. 9.

   3. Stamm *sidu*- Sitte. Nom. acc. sg. *sidu* und *sido*.

   4. Stamm *magu*- Knabe. Nom. acc. sg. *magu*. acc.
plur. *megi*.

   5. Stamm *ëru*- Bote, nach goth. *airu*- vorauszusetzen;
es begegnet nur der nom. pl. *êri* Hel. 559.

   6. Stamm *lagu*- See, erscheint nur in den Compositen
lagu-strôm Meerflut, und *lagu-lidandi* Meerfahrer, worin es
seinen Stammesschlusz erhalten hat.

   Im Compositum *ëhu-skalk* Rossdiener Hel. 388 ist der
erste Teil kein *u*-Stamm; *ëhu*- ist vielmehr, wie das gothische
lehrt, aus *ëhwa*- verkürzt, vergl. § 30.

   7. Vom Neutralstamm *fëhu*- Vieh ist belegt: nom. acc.
instr. sg. *fëhu*, *fëho*. dat. *fëhe* (Hel. Cott. 1848). gen. *fëha-s*.
In dem Compositum *vê-hûs*, das die Freckenhorster Heberolle
öfter gewährt, ist der Stamm so weit verstümmelt, wie ihn
sonst nur die Psalmen zeigen.

   In diesen letzteren ist die Declination der *u*-Stämme noch
weiter zurückgegangen. Der nom. sg. *sun* Sohn Ps. 2, 7 zeigt
das Wort der *u*-Form ganz entfremdet; Stamm *frithu*- Friede
bewahrt die Stammform noch im acc. sg. *fritho*, ist aber im
dat. *frithe* und im gen. *frithi-s* in die *a*-Declination übergetreten; vom Stamme *sidu*- Sitte kommt nur der gen. sg.
sidin moris Ps. 67, 7 vor, der nach Analogie der consonantischen Stämme (§ 33) gebildet ist; vom Stamme *skadu*-
Schatten begegnet der dat. sg. *scado* in geschwächter Stammform;
der Neutralstamm *fihu*- ist bedeutend zerrüttet, es erscheint:
nom. sg. *fë*; acc. *fiu (pecuniam*, Gl. Lips. 324); nom. pl. *fê*,
acc. *fio*. Andere Formen und Stämme sind nicht zu belegen.

§ 33.

Consonantische Declination. Stämme auf -n.

   Die auf -*n* ausgehenden Stämme, allen drei Geschlechtern
angehörend, haben bedeutend mehr Formenarmut als die

vocalischen. Der Singular entbehrt jedes Casussuffixes, und
scheidet überhaupt nur noch zwei Formen, eine für den
Nominativ (beim Neutrum auch Accusativ), die durch Verlust
des stammschlieszenden Consonanten gekennzeichnet ist, und
eine gemeinsame für den Dat. und Gen., beim Masculinum und
Femininum auch für den Accusativ, die den stammschlieszenden
Consonanten bewahrt. Der davor stehende ebenfalls der Stammbildung angehörende Vocal. einst *a*, ist verschieden behandelt,
erhalten im nom. sg. des Femininums und im nom. acc. sg.
des Neutrums; im altsächsischen und in den Werdener Denkmälern verdumpft er sich sonst zu *u*, häufiger zu *o*, und wenn statt
dessen die Handschriften manchmal, im ganzen nicht oft, auch
a oder *e* zeigen, so ist das erstere Vorkommnis aus der § 8, 1
S. 12 geschilderten helleren Aussprache des *o* zu erklären, das
letztere fällt der nach und nach eintretenden Schwächung der
volleren Vocale zu tonlosem *e* anheim (§ 4); in den Psalmen
erscheint auch Schwächung zu *i*. Im Plural dient dieselbe
Stammform für den Nominativ und Accusativ, auch für den
Dativ, da das Suffix dieses Casus, nachdem es aus früherem
-*m* zu -*n* herabgesunken, sich hier nicht mehr ausprägen kann;
ein Suffix hat nur noch der Genitiv.

Von den drei Geschlechtern stehen, wie bei der vocalischen *a*-Declination, Masculinum und Neutrum in der Formen-
entwickelung nahe zusammen, das Femininum hat sich zum
Teil eigenartig gestaltet.

1. Im altsächsischen und in der Werdener Mundart
zeigen Masculina und Neutra folgende Casusformen.

Stamm *bodan*- Bote. masc.

Sg. nom. *bodo*.		Pl. nom. acc. dat. *bodun, bodon*.	
acc. dat. gen. *bodun, bodon*.		gen.	*bodon-ô*.

Stamm *hërtan*- Herz, neutr.

Sg. nom. acc. *hërta*.		Pl. nom. acc. dat. *hërtun, hërton*.	
dat. gen. *hërtun. hërton*.		gen.	*hërton-ô*.

Der Neutra sind nur noch drei, die Stämme *hërtan*- Herz,
ôgan- Auge, und *ôran*- Ohr.

Die Psalmen schwächen den vor dem Stammesschlusse
stehenden Vocal nur im gen. sg. durchgängig zu *i* (*egisin* des
Schreckens, *hêrrin* des Herrn, *slangin* der Schlange, *sidin* der
Sitte, masc.; *hërtin* des Herzens, neutr.), im dat. sg. schwankend (*knapin* dem Knaben, *hêrrin* dem Herren neben *hêrron*,

illin dem Willen neben *kîmon* dem Keime, *leimon* dem Lehme, asc.; *hërtin* dem Herzen, neutr.); in andern Casus nicht. Hier tritt Verdumpfung gewöhnlich zu *o* ein (wofür *a* in *hërtan brda* Ps. 61, 9), selten zu *u: ougun* die Augen Ps. 65, 7; und diese Casus scheiden sich überhaupt in ihrer Form von dem altsächsischen Brauche nicht ab.

2. Die Feminina treten in zwei Classen auf. Die erste ist im allgemeinen den Masculinen nicht von Anfang an gleich gewesen, aber im Laufe der Zeit geworden, nur dasz der Nominativ des Singulars nach Verlust des Stammesschlusses nicht das dumpfe *o*, sondern, wie die Neutra, reines *a* zeigt, und dasz sich in den übrigen Casus lieber die Endung *-un* als *-on* geltend macht, während beim Masculinum und Neutrum eher das umgekehrte Verhältnis stattfindet. Vom Stamme *tungan-* Zunge beispielsweise kommen demnach folgende Formen:

Sg. nom. *tunga.*   Pl. nom. acc. dat. *tungun, tungon.*
acc. dat. gen. *tungun, tungon.*   gen.   *tungon-ô.*

Diese Feminina halten sich von denen der vocalischen i-Declination (§ 30) nicht durchaus streng geschieden. Im Heliand entwickeln eine Anzahl der letzteren einzelne hierher fallende Casusformen, nämlich *ërða* Erde, *folda* Erde, *hellia* Hölle, *êra* Lehre, *mêda* Lohn, *rasta* und *resta* Lager, *sêola* Seele, *sprâka* Sprache, *stëmna* Stimme, *sundea* Sünde, *wahta* Wacht dat. sg. *ërðun* neben *ërðu*, *wahtun* neben *wahtu*, nom. plur. *undeâ* und *sundiun, sundeon* u. s. w.); Bildungen auf *-iða* folgen teils der vocalischen Declination, wie *diurida* Würde, *spâhiða* Weisheit, teils consonantischer, wie *gimênða* Gemeinchaft. Dasz umgekehrt consonantische Stämme ihre Casus nach Art der vocalischen bilden, ist eine seltene Erscheinung, aber bezeugt bei Stamm *sunnan-* Sonne, wo der acc. sg. *sunna* 439 Cott. vorkommt, neben dat. gen. *sunnun* und *sunnon;* bei Stamm *uhtan-* Morgengrauen, von dem der acc. im Cott., wo er einzig erscheint, *uhta* und *uhton* heiszt; in den altniederfränkischen Psalmen, die die angeführte Vermischung der vocalischen und consonantischen Formen in sehr ausgedehntem Masze kennen, steht vom Stamme *tungan-* Zunge der acc. pl. *tungâ* neben *tungon*, und vom Stamme *gallan-* Galle der acc. sg. *galla.*

Die zweite Classe der Feminina hatte früher den Stammesschlusz *în-*, hervorgegangen aus altem *jan-*. Sie hat das schlieszende *n* überall abgeworfen, und erscheint in den Singularformen ohne Spur von Declination (der alte Stamm *huldîn-* z. B., aus *huldjan-* erwachsen, entwickelt für alle Casus des

Sing. nur die eine Form *huldi*). In den Psalmen scheint die Länge des nunmehr schlieszenden *i* zweifelhaft, da es oft tonloses *e* vertritt (*hôe* neben *hôi* Höhe, *sterke* Stärke). Da die hierher fallenden Substantive gewöhnlich Abstracta und Zustandsbildungen sind, so kommen Pluralformen selten vor; sicher nur bei *huldi*, das einen nach der vocalischen *i*-Declination gebildeten Genitiv *hulde-ô* bringt, und einen dat. *huldio-n*, alts. Beichte 58.

Vereinzelte Versuche, die Feminina dieser Classe auch im Singular mit Flexion zu versehen, und sie hier an die *a*-Declination anzulehnen, begegnen. Statt *blindi* Blindheit Hel. Cott. 3637 schreibt der Mon. *blindia*; statt *thiu mikila megin-strengi* grosze Kraft 4356 Cott. *thiu mikilo meginstrengiu*, wahrscheinlich mit doppeltem Schreibfehler für *mikila megin-strengia*; statt *an irâ eldi* in ihrem Alter 194 Cott. *an irâ eldiu*, wo Dativbildung von einem Stamme *eldia* eingetreten ist; und wenn endlich auch der Cott. Heliand 10 *undar thero menigo* unter der Schar bringt, so liegt der gleiche Fall vor und *menigo* für *menigio* darf als Dativ zu einem Stamme *menigia* angesehen werden.

§ 34.

Stämme auf -r.

Die Declination dieser Stämme, männliche und weibliche Verwantschaftsnamen in kleiner Zahl, ist ganz zerrüttet. Der Nachklang älterer Verhältnisse macht sich nur geltend in dem Hervortreten der starren Stammform an Stelle von Casusbildung; wo die letztere vorhanden ist, da ist das Wort einer andern Declination, der der *a*- oder der *an*-Stämme zugefallen.

Folgende hierher gehörende Substantive sind zu belegen.

1. Stamm *fadar*- Vater. Nom. acc. dat. gen. des Singulars nur in der Stammform. Ps. 67, 6 steht *faderu patris*, eine Unform; aber es ist nicht zu entscheiden, ob der Abschreiber dieselbe für *fader*, oder für *faderi-s*, oder für *faderi-n* verlesen hat; im zweiten Falle würde sie der vocalischen *a*-Decl., im dritten der consonantischen entsprechend gebildet sein. Pluralformen sind nicht zu belegen.

2. Stamm *brôdar*- Bruder. nom. acc. dat. gen. sg. *brôdar* oder geschwächt *brôder*. acc. plur. *brôthar* (altsächs. Beichte 17). dat. *brôdaru-n*, im Cott. *bruodru-n*, in den Psalmen *bruothro-n*.

3. Stamm *môdar-* Mutter. Alle belegbaren Formen, näm-
h nom. acc. dat. gen. sg., nom. pl. in der Stammform *môdar*,
der, Cott. *muoder*, Psalmen *muodir*.

4. Stamm *dohtar-* Tochter. Nom. acc. dat. sg., acc. pl.
htar und *dohter*. Die Psalmen haben den gen. sg. *dohtero-n*
it Anlehnung an die femininen *n*-Stämme gebildet.

5. Stamm *swëstar-* Schwester. Es erscheint nur der acc.
ur. *swëstar* und der dat. pl. *swëstro-n*.

§ 35.

Masculine Stämme auf -nd.

Das Suffix -*and*, in einer Classe der schwachen Verba
nd (§ 23) bildet participia präs. in activem Sinne. Häufig
t dieses Suffix, wenn die Participien in adjectiver, oder auch
substantiver Geltung stehen, zu -*andia* erweitert (§ 40);
anchmal aber, in substantiver Stellung, ist ihr alter con-
*m*antischer Stammesschlusz in einigen Casus geblieben, die in
olge dessen (mit Ausnahme des gen. pl.) einer eigentlichen Casus-
ildung entbehren; in andern, die eine solche zeigen, ist der
tamm zu -*anda* (-*ônda*) vorgeschritten. Es sind nur wenige
ubstantivstämme dieser Art, manche nicht in allen Casus zu
*e*legen.

1. Stamm *fiônd-*, geschwächt *fiond-* und *fiund-* Feind,
gentlich Hassender. Nom. acc. sg. *fiond, fiund*. Dat. *fiunde*.
en. *fionde-s*. Nom. acc. plur. *fiund, fiond*. Dat. *fiundu-n*.
en. *fiond-ô*. — Die Psalmen behandeln die hier belegbaren
ormen ganz nach Art der *a*-Stämme: nom. sg. *fiunt*. Gen.
unde-s, fiundi-s. Acc. plur. *fiundâ*. Dat. *fiundu-n*. Gen.
und-ô.

2. Stamm *friund-* (aus *friônd-*) Freund, eigentlich Lieben-
er, wie die folgenden nur in den altsächsischen und den
Verdener Quellen zu belegen. Nom. acc. sg. *friund*. Dat.
iunde. Nom. acc. plur. *friund*. Dat. *friundu-n*. Gen.
iund-ô.

3. Stamm *héliand-*, Cott. *hêland-* Heiland. Nom. acc.
g. *héliand, héleand, hêland*. Gen. *hêliande-s*.

4. Stamm *neriand-* Rettender, Retter. Nom. sg. *neriand*.
*e*en. *nerianda-s*.

5. Stamm *râdand-* Regierender, nur nom. sg. in der
tammform.

6. Stamm *waldand-* Regierender. Nom. acc. sg. *waldand*.
*D*at. *waldanda, waldande*. Gen. *waldande-s*.

7. Stamm *wigand-* Kämpfender, Krieger. Nom. plur. *wigand* und *wigandô-s.*

8. Stamm *lêriand-* Lehrer: acc. sg. *lêriand, lêreand.* Dat. *lêreande.*

9. Stamm *bĕrand-* Träger in den Compos. *wâpan-, hĕlm-bĕrand.* Acc. sg. und plur. in der Stammform.

10. Stamm *lidand-* Gänger im Compos. *wâg-lidand* See-fahrer. Acc. plur. in der Stammform.

Von den Stämmen Nr. 3. 4. 5. 8. 9. werden adjectivisch (§ 38) gebildete Genitive pl. substantivisch verwendet.

§ 36.

Der Stamm mann-.

Der consonantische Stamm *mann-* Mensch hat in den altsächsischen und den Werdener Quellen die vocalische Neben-form *manna-;* von beiden bilden sich die Casus wie folgt:

	1.	2.
Sg. nom.	*man.*	
acc.	*man.*	
dat.	*man.*	*manna, manne.*
gen.		*manna-s, manne-s.*
Pl. nom.	*man.*	
acc.	*man.*	
dat.		*mannu-n, manno-n.*
gen.	*mann-ô.*	

In den Psalmen tritt zu den beiden angegebenen Stämmen noch ein dritter *mannan-,* von dem der dat. sg. *mannin* Ps. 61, 4 sich herleitet.

§ 37.

Declination der Eigennamen.

Die Freckenhorster Heberolle sowie die Werdener Hebe-register gewähren eine grosze Anzahl einheimischer Personen-und Ortsnamen, doch nur in wenigen Casus erscheinend, die von denen der Appellativa in der Bildung nicht unterschieden sind. Personennamen, unter denen eine grosze Anzahl männ-

licher *n*-Stämme sich befinden, werden vorwiegend im Nominativ aufgeführt, selten im dat. oder gen. (von *Liuziko* dat.
und gen. *Liuzikon* Freckenhorster Rolle 546. 346). Sie erscheinen alsdann in den Werdener Registern im Gewande
lateinischer Flexion *(pro Waldgêro filio suo: Liudhelmi filiam
Râdgardam* u. a.); nur wenn Personennamen den ersten Teil
componierter Ortsnamen ausmachen, ist ihre einheimische
genitivische Flexion zu Tage tretend: *Adalgêras-thorp*, Dorf
des Adalger; *Avukon-thorp*, Dorf des Abuko.

Die Ortsnamen kommen gewöhnlich in dativischer Fügung
vor. Sind sie mit männlichem oder neutralem *-feld* Feld.
-huvil Hügel, *-holt* Holz, *-skêth* Grenze, *-thorp* Dorf, oder mit
weiblichem *-lura* Heimwesen, *-bruggia* Brücke zusammen-
gesetzt, so erscheint an diesen zweiten Gliedern der Zusammensetzung auch dativische Form *(-felda, -felde; -huvila, -huvile;
-holta, -holte; -skêtha; -luvu; -bruggiu)*; andere mit *-hêm*, *-hurst*,
-wurd, *-bury* behalten die Nominativform im Dativ bei: noch
andere, auf *-beki* und *-biki*, *-stedi* und *-stidi*, *-seli*, *-gô*, *-lô*,
schwanken (dat. *Billurbeki* und *Hamorbikie; Wstonstedi* und
Alfstide; Asningseli und *Asiningselia; Hasgô* und *Hasgôa;
Haslâ* und *Haslôch*. *Haslôe* neben *Hatilôha* u. a.). Manche
Ortsnamen gehen auf den Dativ plur. *-bergon, -akkaron,
-brunnon, -hûson, -lôhon, -reston* aus und die Dativendung gibt
sich als versteinerte dadurch zu erkennen, dasz sie auch auszerhalb dativischer Fügung verharrt *(villa Mulinhûsun; ad Astar-
lôhon*, u. a.). — In einer kleinen Reihe von Zusammensetzungen
erscheint die Form *-wida* und *-wide (von Burg-wida; in Aludl-
wide*, u. a.); sie darf als Dativform eines sonst im altsächsischen und altniederfränkischen unbelegten zweiten Neutrums
der *u*-Stämme, *widu-* Holz, aufgefaszt werden, vergl. § 32.

Die fremden Eigennamen im Heliand bequemen sich der
gröszeren Anzahl nach einheimischer Flexion; die männlichen
folgen der Declination der *a*-Stämme. An ihnen erscheint noch
eine mit Casussuffix versehene Accusativform, die auch in den
althochdeutschen Dialecten zu Tage tritt: *Adama-n, Krista-n*
Christum, *Lâzarusa-n, Satanâsa-n*, geschwächt *Simon Pétruse-n*
neben *Adam, Krist, Lazarus* und *Pétrus;* der Cottonianus hat
den Brauch, das Suffix abzuwerfen, den stammschlieszenden
Vocal zu schwächen und so die Accusativformen *Adame, Kriste,
Philippuse, Pétruse, Lâzaruse, Satanâse* zu schaffen. Die weiblichen Städtenamen *Rûma* Rom, *Béthânia* declinieren wie
Feminina der *a*-Declination; *Mâria* wie ein *n*-Stamm. von *Êva*
steht im Monacensis der acc. *Êra-n*, im Cott. *Êram* und
Êvun. *Judeo* der Jude, *Ébreo* der Hebräer, sind gleichfalls
nach den *n*-Stämmen flectiert. Ohne Casusbildung sind gelassen

Galiléa, Hierichô, Bethleêm, Égipti, Émáus, Hierusalêm, Kafarnaum, Náim; als Composita sind behandelt *Bethlêma-burg, Galiléa-land, Hierichô-burg, Oliwêti-berg, Rûmu-burg,* u. a.

§ 38.

Declination der Adjectiva.

Das Adjectiv, stets in den drei Geschlechtern ausgebildet, zeigt eine doppelte Stammform, neben der mit vocalischem Ausgange auch eine solche auf -*n.* Es ergibt sich daraus eine zwiefache Declination. die sich nach syntactischen Verhältnissen regelt. Die Declination der vocalischen Adjectivstämme ist von Grimm die starke, die der consonantischen auf -*n* die schwache genannt worden.

Das Adjectiv war einst, wie in den urverwanten Sprachen zum Teil noch, vom Substantiv nicht in seiner Form, nur in seiner Function geschieden. Dieses ursprüngliche Verhältnis ist jedoch in mehrfacher Weise erschüttert; zunächst dadurch, dasz es im altsächsischen und altniederfränkischen nur noch Adjectivstämme auf -*a,* keine mehr auf -*i* oder auf -*u* gibt. Dann ist die Declination zum Teil dadurch von der der Substantiva verschieden, dasz sich etwa in der Hälfte der Casus, vielleicht in noch mehren, an den Adjectivstamm ein ursprünglich nachgesetztes demonstratives Pronomen von dem Stamme *ja* (der) festgeheftet hat und teilweise so mit ihm verschmolzen ist, dasz nur noch der schlieszende Teil der Pronominalformen erkannt werden kann. Dadurch folgen die beregten Casus pronominaler Declination.

Die Adjectivstämme auf -*a* declinieren, was zunächst die altsächsischen und im allgemeinen, mit den unten folgenden Ausnahmen, die Werdener Quellen betrifft, nach dem hier stehenden Schema, zu dem das der entsprechenden Substantiva (§ 30) verglichen werden musz. Die Formen, die aus der eben angeführten Ursache mit Sicherheit pronominaler Flexion zufallen, sind mit einem Stern bezeichnet.

Stamm *managa-* viel *(hêlaga-* heilig).

Masculine Formen.

Sg. nom.	*manag.*		Pl. nom.	*	*managa, -e.*
acc.	*	*managan (hêlagana).*	acc.	*	*managa, -e.*
instr.	*managu.*		dat.		*managun.*
dat.	*	*managumu.*	gen.	*	*managarô.*
gen.	*managas, -es.*				

Feminine Formen.

Sg.	nom.	*manag.*	Pl.	nom.	* *managa, -e.*
	acc.	*managa.*		acc.	* *managa, -e.*
	dat.	* *managaro, -u.*		dat.	*managun.*
	gen.	* *managarā.*		gen.	* *managarō.*

Neutrale Formen.

Sg.	nom.	*manag.*	Pl.	nom.	*manag, managu.*
	acc.	*manag.*		acc.	*manag, managu.*
	instr.	*managu.*		dat.	*managun.*
	dat.	* *managumu.*		gen.	* *managarō.*
	gen.	*managas, -es.*			

Die vollste Form des acc. sg. am Masculinum ist die
auf *-ana* ausgehende, die indes in den kleinern Denkmälern
gar nicht, im Heliand nur in folgenden Beispielen begegnet:
antlangana den ganzen langen, *hardana* (neben *hardan)*
harten, *hêlagana* (neben *hêlagna* und *hêlagan)* heiligen, *kraf-
tigana* (neben *kraftagna)* kräftigen, *langsamana* (neben *lang-
samna)* immerwährenden, *liobana* (neben *lioban)* lieben, *mikilana*
groszen, *mildiana* (neben *mildian)* milden, *môdspâhana* klugen,
ôdrana (neben *ôdran)* andern, *skirana* lautern, *unsundigana*
unsündigen und *wîd-brêdana* (neben *wîd-brêdan)* weit und
breiten. Ihr zunächst steht die Form auf *-na,* auch nur in
wenigen Beispielen bezeugt, nämlich *lêfna* den lahmen, *luttilna*
kleinen, *mahtigna* mächtigen mit *alo-mahtigna, niudsamna*
angenehmen, *sâligna* seligen, *silubrinna* silbernen, *skuldigna*
schuldigen mit *unskuldigna* und *wankolna* wankelmütigen. Die
weit überwiegende Anzahl der hierher gehörenden Accusativformen gehen auf *-an* aus.

Der Dativ sg. des Masculinums, mit welchem der des
Neutrums übereinkommt, gewöhnlich auf *-umu* endigend, selten
auf *emu (haftemu* gefesseltem Hel. 5115) oder *-omo (luggiomo*
lügnerischem alts. Beichte 39), erscheint manchmal verkürzt, zu
-um (ôdrum anderm Hel. Mon. 1271, *kristinum* christlichem 3075;
êwinom ewigem Cott. 1798), oder zu *-un* und *-on,* dies selten
im altsächsischen *(fernun* vorigem Hel. Mon. 217, *ôdrun* anderm 801), häufig im Cottonianus, der sich hierdurch dem
unten zu besprechenden Brauche der Psalmen anschlieszt.

Der Genitiv sg. des Masculinums und Neutrums geht
ungefähr gleich häufig auf *-as* wie auf *-es* aus.

Der Nominativ sg. des Femininums ist verkürzt, so dasz
der stammschlieszende Vocal wegfiel, er ist dadurch der Nominativform der andern Geschlechter gleich geworden. Der
Genitiv sg. begegnet selten, am eigentlichen Adjectiv nur in

einem Beispiel (*diurlikará* der kostbaren Hel. Mon. 988, Cott. *diurlikaro*), am gleich declinierten Possessivpronomen in mehren andern: *minará* meiner 3541 Mon. und *thinaro, thinoro* deiner, wo bei den letzteren Beispielen wahrscheinlich die Dativform stellvertretend für die Genitivform steht, vergl. § 30.

Die Pluralformen des Masculinums und des Femininums haben sich ganz gleich gestaltet (sie enden im Cott. und den kleinern altsächsischen Denkmälern gewöhnlich auf -*a*, im Mon. vielfach auf tonloses -*e*), die des Neutrums weichen nur im nom. acc. ab, indem sie in der überwiegenden Mehrzahl der Fälle auf verkürzten Stamm ausgehen (z. B. *blôdag* blutige, *diap* tiefe, *hélag* heilige, *sâlig* selige u. a.), oder selten auf -*u*, welcher Ausgang sich zu dem entsprechenden der Substantivneutra § 30 stellt, aber nur in dem Beispiele *managu* neben *manag*, beim Possessivpronomen in *minu* neben *min* und an einem adjectivisch declinierten Zahlwort, in *bêdiu* beide, begegnet. Die Neigung, die neutralen nom. und acc. pl. mit denen der Masculina und Feminina überein zu behandeln, macht sich geltend, wenn im Hel. auch die Formen *managa, opana* offene, *rehta* rechte, und in der Freckenhorster Rolle *góda* gute, *girstina* gerstene, *irenina* haberne auftauchen; eine gleiche Formübertragung am Pronomen, vergl. §§ 44. 45, 1.

Das Suffix des dat. plur. ist so selten wie bei den Substantiven (§ 30) -*m*: *allum* allen im Taufgelübde, *ódrum* andern Hel. Mon. 1611, *ádrum* andern 2986, *sinom* seinen 1839, gewöhnlich -*n*. Statt des schliezenden -*un* das so erwächst, und das dem Monacensis eigentümlich ist, so dasz es nur in wenigen Fällen sich nicht findet, haben die kleinern altsächsischen Denkmäler und der Cott. meist -*on*; -*an* ist ganz vereinzelt: *sinan* seinen alts. Beichte 55.

Für das Suffix des gen. plur. -*ô* steht -*á* in *allerá* aller Merseb. Gl. 21, *sundigará* sündiger Straszburger Gl. 13, vergl. § 8, 1. S. 12.

Eine von dem schliezenden Vocale ausgehende Assimilation, über die §§ 8. 12. berichtet ist, macht sich besonders in diesem Casus geltend: neben *wrédaró* böser, geschwächt *wréderô* geht *wrédoró*, für *fagararó*, geschwächt *fagarerô* schöner ist *fagaroró*, für *dolaró* törichter, *siokaró* kranker *dolorô, siakoró, seokoró* gebräuchlich u. s. w.; auch im dat. sg. fem. zeigt sie sich vereinzelt: *fastoro* fester für *fastaro*, *hiburilicuru* gebührlicher für *hiburilicaru* Mers. Gl. 12.

Die Psalmen weichen im allgemeinen wenig von den eben geschilderten Verhältnissen ab, wenn man nur das schillernde der vielfach geschwächten Vocale in den Endungssilben (§§ 4. 9) in Betracht zieht. Am acc. sg. des Masculinums

rscheint -*an*, -*in*, -*on* (*allan*, *allin*, allen; *sinan*, *sinon*, *sinin*
einen); der dat. sg. masc. und neutr. hat nur ausnahmsweise die
ollere, der altsächsischen sich nähernde Form (*sinemo* seinem
Ps. 3, 2. 4, *twireldeme* zwiefältigem Gl. L. 960, wenn hier
richtig vermutet wird, *horscomo vehementi* 590), gewöhnlich
geht der Dativ auf -*on* (*hôon* hohem, *sinon* seinem) oder auf
-*in* aus: *dûrlikin* teuerm, *allin* allem, *rëhtin* rechtem, wozu
die Form *haftin* gefesseltem Hel. Cot. 5115 zu vergleichen ist.
Eine Eigentümlichkeit zeigt sich einmal, der dat. sg. masc.
nach Art der Substantiva gebildet: *fan wëge rëhta de via
justa* Ps. 2, 12; sie ist ausgebildeter im angelsächsischen und friesischen. Der dat. sg. fem. weist die volleren Formen *allero*
aller, *mikiliro* groszer, *fastira* fester, *an waterfollora in aquosa*
Ps. 62, 2, und die gekürztere *kurtur* kurzer Gl. L. 198 auf; die
Dativform ersetzt die genitivische in *douvero surdae* Ps. 57, 5. —
Die Dativform des Plurals aller Geschlechter endigt selten
auf -*un* (*managun multis* Ps. 70, 7) oder -*in* (*allin* allen
Ps. 53. 9), gewöhnlich auf -*on*. Der neutrale nom. acc. plur.
hat nur ausnahmsweise verkürzte Form (*al cunni omnes tribus*
Ps. 71, 17), gewöhnlich mit dem Masc. und Fem. gleichen
Ausgang auf -*a*, geschwächt *e*: *harda thing*, *mikila thing*,
quicca fê animalia, *idele thing* u. a.

Stämme mit dem Ausgange -*ja* statt des schlieszenden
einfachen -*a* haben, was das altsächsische und die Werdener
Mundart betrifft, in der Mehrzahl von Fällen das *j* (in der
Schreibung *i*, geschwächt *e*, § 14, 2) gerettet, in den Nominativ-
formen des Sing. aller drei Geschlechter tritt es nach Abfall
des stammschlieszenden -*a* als -*i* auf (vergl. § 30). Ein solcher
Stamm decliniert also, z. B. *middia*- mittlerer:

Masculine Formen.

Sg. nom. *middi*.	Pl. nom. *middie*, *middea*.	
acc. *middian*, *middean*.	acc. *middie*, *middea*.	
instr. *middiu*.	dat. *middiun*.	
dat. *middiumu*.	gen. *middierô*, *middearô*.	
gen. *middies*, *middeas*.		

Feminine Formen.

Sg. nom. *middi*.	Pl. nom. *middie*, *middea*.	
acc. *middia*, *middea*.	acc. *middie*, *middea*.	
dat. *middieru*, *middearo*.	dat. *middiun*.	
gen. *middierâ*, *middearâ*.	gen. *middierô*, *middearô*.	

Neutrale Formen.

Sg. nom. *middi*.   Pl. nom. *middi*.
   acc. *middi*.   acc. *middi*.
   instr. *middiu*.   dat. *middiun*.
   dat. *middiumu*.   gen. *middieró, middearó*.
   gen. *middies, middeas*.

Die vollste Form des acc. sg. masc. auf -*ana* begegnet
an *mildiana* (neben *mildean)* milden, ferner an *spáhana* weisen
und an *skirana* reinen, die das *i* = *j* des Stammesschlusses ausgestoszen haben.

Eine solche Ausstoszung zeigt sich in einer Minderzahl
von Formen als Neigung, die sich gleichmäszig über das altsächsische wie über das altniederfränkische Grenzgebiet erstreckt.
Am ausgebildetsten am Stamm *spáhia-* weise, wo neben dem nom.
sg. *spáhi* der acc. sg. masc. *spáhan* und *môd-spáhana*, der nom.
pl. *spáha* und *spáhe*, der dat. pl. *spáhun*, der gen. pl. *spáhoró*
belegt sind; ferner in einzelnen Formen der Stämme *skiria-*
rein (nom. sg. *skir* neben *skiri*, acc. sg. masc. *skirana* Cott.
neben *skiriana* Mon.), *feknia-* trügerisch (acc. sg. masc. *feknan*
Hel. Mon. 1740), *mildia-* mild (acc. sg. masc. *mildan*, fem.
milda, instr. sg. *mildu* im Cott.), *hrénia-* rein (acc. sg. n.
hrén neben nom. sg. masc. *hréni)*, *rikia* reich (gen. sg. *rikes*
Hel. Mon. 339); *thioria-* dürr (gen. sg. *thiores* Essener Rolle
3. 12) u. a. Namentlich im gen. pl. ist die angeführte Ausstoszung öfter beobachtet, von den Stämmen *derbia-* böse,
dernia- versteckt, *edilia-* edel, *slidia-* grimm, *thikkia-* dicht,
thristia- mutig, begegnen *derbaró* (Cott.). *derneró* (Cott.)
edileró neben *edilieró, thikkeró, thristeró* (Cott.). In den
Psalmen ist sie auszerhalb des Nominativs sg. ausnahmsloses
Gesetz, so dasz von Stamm *suotia-* süsz der acc. pl. n. *suota*,
von *mittia-* mittler dat. pl. *mitdon*, neben nom. sg. *uuosti* wüst
dat. sg. fem. *wóstera* u. a. belegt sind.

Die Form des nom. acc. plur. neutr. ist teils eine verkürzte, wie sie im Paradigma angegeben ward, Belege hierfür
sind nur aus dem Cott. zu erbringen: *derbi, derebi* ruchlose
27. 5516, *fékni* trügerische 5233; teils eine dem Masc. und
Fem. gleich gemachte, in den Beispielen *lárea* leere Hel. 2036,
swótea süsze 3785 in beiden Codd., *feknea* trügerische 5233
Mon. Aus den Psalmen stellt sich dazu das oben angeführte
suota süsze 54, 15.

Von Stämmen mit dem Ausgang *wa-* begegnen folgende:
Stamm *garwa-* bereit, im nom. sg. *garu* und *garo*, im gen. sg.
neutr. *garowes* und im nom. pl. masc. *garowa; glawa-* klug,
im nom. sg. *glau*, acc. sg. masc. *glawan*, in den Psalmen

glauwon, nom. pl. masc. *glawa*, *glawe* und *glauwe*; gen. plur.
glauworô; beide Stämme gleichmäszig über das altsächsische
und das gesamte altniederfränkische Gebiet verbreitet. Nur
im Heliand begegnet Stamm *narwa*- eng, im nom. sg. *naru*
und im Comparativ *narwara*; nur im Monacensis Stamm *gëlwa*-
gelb, in der consonantischer Declination zufallenden Form *the*
gëlowo; nur im Cottonianus Stamm *slëwa*- feige, nom. sg. *slëu*;
nur in den Psalmen endlich Stamm *falwa*- fahl, nom. sg. *falu*.

Die Adjective erweitern nach gewissen syntactischen Gesetzen, wie oben bemerkt, ihre Stammform durch -*n*, und
folgen alsdann der Declination der § 33 aufgeführten Substantive. Adjective auf -*a*, wie *hêlaga*- heilig, haben in diesem
Falle den Stamm *hêlagan*-, Adjective auf -*ia* wie *rikia* reich,
den Stamm *rikian*-, und entwickeln davon nachstehende Formen.

Masculinum.

Sg. nom.   *hêlago; rikio, rikeo.*
acc. dat. gen. *hêlagun, hêlagon; rikiun.*

Pl. nom. acc. dat. *hêlagun, hêlagon; rikiun.*
gen.   *hêlagon-ô; rikion-ô.*

Femininum.

Sg. nom.   *hêlaga; rikia, rikea.*
acc. dat. gen. *hêlagun, hêlagon; rikiun.*

Pl. nom. acc. dat. *hêlagun, hêlagon; rikiun.*
gen.   *hêlagon-ô; rikion-ô.*

Neutrum.

Sg. nom. acc.   *hêlaga; rikia.*
dat. gen.   *hêlagun, hêlagon; rikiun.*

Pl. nom. acc. dat. *hêlagun, hêlagon; rikiun.*
gen.   *hêlagon-ô; rikion-ô.*

Wegen Nebenformen wie *hêlogo, hélego, hêlogon* u. a.
sind die § 8. 12. erwähnten Assimilationsgesetze zu vergleichen.

§ 39.

Declination der Steigerungsformen am Adjectiv.

Die Comparativbildung geschieht mittels der Suffixe ursprünglich -*is* und -*ôs*, die zu -*ir* und -*or* geworden sind und
so noch zum Teil am Adverbium erscheinen, während das

Adjectiv sie zu -*iran* und -*oran* erweitert zeigt. Beide Suffixe
sind aus éinem älteren entstanden, daher ihr Antritt nicht
nach bestimmten Gesetzen erfolgt; nur ist das Suffix -*iran*
etwas weniger häufig als -*oran* und durch Schwächung in -*eran*
(Stamm *milderan*- milder neben *mildiran*- u. a.) oft beeinträchtigt; zu -*ran* verkürzt es sich in *lengran*- länger neben *lengiran*-
und *lengeran*-, *stilran*- stiller, *swidran*- kräftiger neben *swideran*-
und *swidoran*-, in dem substantivisch gebrauchten *aldran*- neben
aldiran- Vorfahr (nom. plur. *aldrun* Eltern), und in *jungran*-
Jünger mit der Nebenform *jungoran*-; in einem Werdener Heberegister begegnen die dat. sg. *in obarrun et in nidarrun Em-
brikni*, aus *obarirun* und *nidarirun*. Das Suffix -*oran* erscheint
auch als -*aran* und -*eran* (Stamm *lioboran*-, *liabaran*-, *lioberan*-
lieber, u. a.).

Die Formenbildung der Comparative geschieht wie die
der § 33 aufgeführten Stämme auf -*n*, beispielsweise:

Stamm lengiran.

		Masc.	Fem.	Neutr.
Sg.	nom.	*lengiro.*	*lengira.*	*lengira.*
	acc.	*lengiron, -un.*	*lengirun, -on.*	*lengira*

u. s. w.;

Stamm lioboran.

		Masc.	Fem.	Neutr.
Sg.	nom.	*lioboro.*	*liobora.*	*liobora.*
	acc.	*lioboron, -un.*	*lioborun, -on.*	*liobora*

u. s. w.

Von Adjectivstämmen auf -*ia* wird im Comparativ das
i = *j* teils gelassen, teils unterdrückt; und es finden sich im
Heliand vom Stamm *spáhia*- klug der nom. pl. *spáhiron*, vom
Stamm *wódia*- süsz der nom. acc. neutr. *wódiera* und *wódera*,
vom Stamm *swótia*- süsz im Mon. der nom. acc. neutr. *swótiera*,
im Cott. *swótera*. Die Psalmen, die in der ganzen Comparativbildung nicht unterschieden sind, folgen hier dem letzteren
Brauche: *suottera dulciora* 18, 11.

Der Superlativ hat ein doppeltes Suffix, indem sich an
das alte, hier unverändert gebliebene und auch rücksichtlich
des Vocals, wenigstens im Heliand, keiner Schwächung unter-
worfene Comparativsuffix -*is* oder -*ós* die eigentliche Super-
lativbildung -*ta* oder -*tan* erst anhängt. So wird vom Stamm
náha-, nom. *náh* nahe gebildet Superlativstamm *náhista*- und
náhistan-, vom Stamm *lioba*-, nom. *liof* lieb, *liobósta*- und

liobóstan- u. a.; und während der Comparativ nur einerlei Formenbildung kennt, wird der Superlativ ganz wie ein Adjectiv angesehen, bildet demnach seine Casus nach den § 38 angegebenen Gesichtspunkten entweder vom Stamme auf vocalischen Ausgang *-a* oder auf erweiterten *-an*, z. B. also:

nom. sg. masc. *liobóst.*   fem. *liobóst.*   neutr. *liobóst.*
acc. „ „ *liobóstan.*   „ *liobósta.*   „ *liobóst*
oder: u. s. w.
nom. sg. masc. *liobósto.*   fem. *liobósta.*   neutr. *liobósta.*
acc. „ „ *liobóston, -un.*   „ *liobóstun, -on.*   „ *liobóstu*
u. s. w.

Adjectivstämme auf *-ia* prägen vor der Superlativendung *-ista* oder *-istan* ihr *i = j* nicht noch aus, daher vom Stamme *triwia-*, nom. *triwi* treu der nom. plur. *triwiston* Hel. 3518. 4558, vom Stamme *mária-*, nom. *mári* berühmt der dat. sg. fem. *máristun* Straszb. Gl. 12; vor der Endung *-ósta*, *-óstan* ist es entweder, meist zu *e* geschwächt, erhalten, oder unterdrückt; erhalten in acc. sg. masc. *mareóston* berühmtesten von *mária-*, Heliand 2807; in nom. sg. masc. *rikióst*, *rikeóst* neben *rikóst* mächtigster von *rikia-*, öfter; nom. sg. fem. *skónióst* und *skóniósta* schönste von *skónia-*; unterdrückt im nom. sg. *druobóst* trübster vom Stamme *dróbia-*, Hel. Cott. 5630, im nom. pl. *spáhóston* weisesten vom Stamme *spáhia-*, Hel. 613, und im nom. plur. *swáróstun* schwersten vom Stamme *swária-*, 1215.

Das Superlativsuffix *-ósta (-óstan)* ist viel häufiger in Anwendung als *-ista (-istan).* Letzteres ist zu *-estan* geschwächt im dat. sg. *héreston* höchsten Freck. Rolle 505, zu *-stan* zurückgegangen in dem nom. pl. *fursten principes* Ps. 2, 1, gegen nom. sg. *furist princeps* Gl. Lips. 364 und nom. plur. *furistá principes* Ps. 67, 26.

Einzelne Adjectiva bilden ihre Steigerungsgrade von einem andern Stamme, als den Positiv, nämlich:

1. Stamm *góda-* gut. Positiv nom. sg. *gód*, Werd. *guod*, Psalmen *guot*. Comparativ nom. sg. *betara*, *betera* für alle Geschlechter, indem hier die für Fem. und Neutrum gemeinschaftliche Form auch auf das Masc. ausgedehnt worden ist; Superlativ nom. sg. *betst*, Cott. *best*, und *betsto*, *besto* für das Masc.; aber auch, aus gleichem Grunde, *betsta* und *besta* für alle drei Geschlechter.

2. Stamm *ubila-* übel. Positiv nom. sg. *ubil*, kleinere Denkmäler und Psalmen *uvil*. Comparativ nom. sg. *wirsa* für alle Geschlechter. Superl. *wirsist* und *wirsisto*.

3. Stamm *luttila-* klein. Positiv nom. *luttil;* Superlativ
minnist und *minnisto.* Comparativ begegnet nicht.
4. Stamm *mikila-* grosz. Positiv nom. *mikil.* Comparativ *mêro.* Superlativ *mést, mésto,* Psalmen *meist.*
Vom Stamme *lata-* träge, spät, nom. sg. *lat,* Comparativ
nom. sg. masc. *latoro* begegnet im Heliand die contrahierte
Superlativform nom. *latst, last* und *latsto, letst* und *letsto;* nur
die Psalmen geben die volle *letisto.*

§ 40.

Declination der Participia und Infinitive.

1. Die Participia präsentis, wenn ihr Suffix, ursprünglich
-and, in der erweiterten Form *-andia* auftritt (vergl. § 35)
declinieren wie die Adjectivstämme auf *-ia* (§ 38); die Ausstoszung des *i = j,* die dort erwähnt wurde, macht sich auch
hier in einer Anzahl Formen geltend, meist in solchen, die
von Verben der ersten schwachen Conjugation (§ 22) kommen.
Nicht alle Casusformen kommen vor, namentlich ist vom
Femininum der dat. gen. sg., vom Masculinum und Neutrum
ein Instrumentalis unbezeugt.

In den altsächsischen und Werdener Denkmälern sind
belegt:

Nom. sg. aller Geschlechter auf *-i* ausgehend, in zahlreichen Beispielen: *gangandi* gehend, *rinnandi* rinnend, *brin-
nandi* und *brinnendi* brennend, *biddiendi* bittend, *liggiandi*
liegend, *libbiendi* lebend, *faganôndi* freuend u. a.

Acc. sg. masc. *farandian* gehenden, *swikandean* trügenden,
liggeandean liegenden, *hêlandean* heilenden, *neriandan* retten-
den; fem. *skinandia* scheinende; neutr. *wallandi* wallendes.

Gen. sg. masc. *huggiendes* denkenden. *libbiendes* lebenden.

Nom. acc. pl. masc. und fem.: *lagu-lidandea* Seefahrende,
brinnandea brennende, *libbeanda* lebende, *gornôndia* und *gor-
nôndie* trauernde, *sorgôndie* Betrübnis leidende; neutr. *libbiendi*
lebende, *wôpiandi* weinende.

Dat. plur. masc. *hettendiun* verfolgenden.

Gen. plur. aller Geschlechter in manigfachen Beispielen:
rádanderô regierender, *wôpianderô* weinender, *hatandierô* und
hetanderô verfolgender, *hêleanderô* heilender, *libbienderô* und
libbeanderô lebender, u. a.

Erweiterung des Participialstammes zu *-andiun* ist wenig
beliebt und unterbleibt auch da, wo sie nach syntactischen
Gesetzen eintreten sollte *(therô kostônderô* der versuchenden

Hel. 4743); doch findet sich nom. sg. masc. *neriandio* und *neriando* rettender, *waldandeo* regierender mehrmals, gen. sg. *hes neriandon* Hel. 1144. 3890, nom. pl. masc. *thê sêo-idandion* 2910.

Ueber die Beispiele des part. präs. in den Psalmen ist §§ 20. 25 berichtet.

2. Die Participia präteriti sind rücksichtlich der Formenbildung den Adjectiven ganz gleich gestellt. Sie haben, wie diese, doppelten Stammesschlusz auf -*a* und auf -*an*, von denen die Casus ausgehen; vergl. § 38.

3. Der Infinitiv entwickelt öfter einen Dativ und einen selteneu Genitiv. In den Psalmen ist der dort allein vorkommende erstere Casus gebildet von dem einfachen Infinitivstamm auf -*ana* nach Art der Substantivstämme der *a*-Declination (§ 30): *te ëtoni ad manducundum, te louponi ad currendam (viam), ti farwerpene repellere*, u. a.; in den andern Denkmälern aber ist Dativ und Genitiv von einem erweiterten Infinitivstamme auf -*annia* entstanden, so die Dative *te faranne* zu gehen, *te bidernienne* zu verhehlen, *te gefullianne* zu erfüllen, u. a., und die Genitive *cussiannias* des Küssens, *helsiannias* des Umhalseus, alts. Beichte 33. 34. — Eigentümlich ist die Form *in te gánde* für *te gânne* einzugehen (Freckenh. Rolle 521—528 mehrmals), der im sächsischen nicht, wol aber im friesischen gleiches zur Seite steht *(tô farande* zu ziehen, *tô wiande* zu weihen, *tô fermande* zu firmeln, *to rêdande* zu raten Richthofen 127ᵇ, 19. 20).

§ 41.

Das Zahlwort.

1. **Die Grundzahlen.** Von den Cardinalien haben nur die Zahlen eins bis drei volle Flexion durch alle Casus und Genera; die übrigen sind eingeschlechtig und teils unflectiert, teils bilden sie einzelne Casus nach Analogie der Substantive auf -*i* (§ 31). Die Formen der Cardinalien sind, so weit sie belegt:

	Masc.	Fem.	Neutr.
1. nom.	*ên*, Ps. *ein*.	*ên*.	*ên*.
acc.	*ênna, ênan*.	*êna*.	*êna*.
instr.	*ênu*.	—	*ênu*.
dat.	*ênumu, ênum, ênun*.	*ênaru, ênoro, ênera*.	*ênumu*.
gen.	*ênas, ênes*, Ps. *einis*.	unbelegt.	*ênas, ênes*.

Eine erweiterte Form, Stamm *énan-*, Nom. masc. *éno*, femininum und neutrum nicht begegnend, hat die Bedeutung einzig, allein.

	Masc.	Fem.	Neutr.
2. nom. acc.	*twêna, twêne, twênie.*	*twô, twâ.*	*twê.*
dat.	*twêm.*	*twêm.*	*twêm.*
gen.	*twêiô.*	unbelegt.	unbelegt.
3. nom. acc.	*thria, thrie, threa.*	*threa.*	*thriu (thrâ* Freck.).
dat.	*thrim.*	*thrim.*	*thrim.*
gen.		unbezeugt.	

4. *fiwar, fiuwar, fior, vier, viar.* Flectiert begegnen nom. masc. neutr. *fiori, fieri.* Dat. masc. *fiwariun,* Hel. Cott. *fiwarun.*
5. *fif.* Flectiert nom. acc. masc. neutr. *fibi.*
6. *sëhs,* in der jüngern Handschrift der Freckenhorster Rolle *sës.* Flectiert nom. neutr. *sëhsi.*
7. *sibun, sivun, sivon.* Flectiert dat. *sibuniun.*
8. *ahtô, ahto, ahte.*
9. *nigun, nigen.* Flectiert acc. masc. *niguni.*
10. *tehan,* Heliand, *tian* Essener Rolle, *tein* Freck., *tên* Ps.
11. *elleran, eleran, eleven* in der Freckenh. Rolle.
12. *twelif* Heliand, *twelif, twilif, twulif* Freck. Rolle. Flectiert nom. acc. masc. neutr. *twelibi,* in der Freckenhorster Rolle 423 *twulivâ* vor einer Lücke. Gen. *twelibiô,* Cott. *twelifô,* Hel. 4481.
13. *thriu-tein, thrû-tein* in der Freckenh. Rolle.
14. *fier-tein,* daselbst.
15. *fif-tein,* das.
16. *sehs-tein, ses-tein,* das.
17. *sivon-tein,* das.
18. *ahto-tein, ahte-tein,* daselbst, *ahte-tian* Essener Rolle.
19. *nigen-tein* Freck. Rolle.
20. *twêntig.* Freck. *twêntich,* Ess. *twênteg.*
30. *thritig,* Freck. *thritich.*
40. *fiwartig, fiartig, fiortig;* Freckenh. *viertih, fiertich;* Ess. *viarteg.*
50. *fiftich* Freck., *viftech* Essener Rolle.
60. *sëhstic,* nur im Hildebrandsliede 50 Müllenhoff.
70. *antsibunta* Heliand Mon., *atsibunta* Cott.; ausserdem *sibuntig.* Hel.
80. *antahtôda* Hel. Mon., *ahtôda* Cott. 513, *ahtodoch* und *ahtedeg* Essener Rolle.
90. *nigonda* Freck. Rolle 226.

100. *hund*, Freck. *hunderôd*.
200. *twê hund*.
000. *thûsundig*, Psalmen *thûsint*.
000. *fîf thûsundig*.
000. *tên thûsint* in den Psalmen.

Die Zahlbildungen *antsibunta* und *antahtôda* des Heliand
nd wahrscheinlich entstellt aus *hund-sibunta* (ags. *hund-
ofontig*) und *hund-ahtoda*, in welchen der erste Teil der
usammensetzung eine Decas, der zweite die zu dieser in Be-
ehung stehende Ordinalzahl ausdrückt. Die Entstellung kann
 weit gehen, dasz die nicht mehr verstandene Bezeichnung
r Decas ganz wegfällt und nichts als die Ordinalzahl bleibt,
ie die Formen *ahtôda* des Cott., *nigonda* der Freckenhorster
olle lehren.

Bei den Zwischenzahlen zwischen den Decaden gehen die
iner den Zehnern voraus: *fior endi antahtôda* vier und achtzig;
hte ende ahtedeg acht und achtzig; *fieri ande thrítich* vier
nd dreiszig, u. a.

2. Von Ordinalzahlen sind folgende belegt:

1. Stamm *êrista-*, nom. *êrist.* Stamm *forman-*, nom. *formo.*
2. „ *ôdara-*, nom. *ôdar.*
3. „ *thriddia-* (siehe unten); Stamm *thriddian-*, nom.
 thriddio, thriddia.
4. „ *fiordan-*, nom. *fiordo, fiorda.*
5. „ *fîftan-*, nom. *fîfto, fîfta.*
6. „ *sëhstan-*, nom. *sëhsto, sëhsta.*
7. „ *sibundan-*, nom. *sibundo, -a.* Im Werdener Heberegister acc. neutr. *sibta;* in der Freckenhorster
 Rolle *sivotha.*
8. „ *ahtodan-*, nom. *ahtodo, -a.*
9. „ *nigundan-;* acc. neutr. *nigunda* Hel. Mon., fem.
 niguda Cott.
0. „ *tëhandon-*, nom. *tëhando, -a.*
1. „ *elliftan-*, nom. *ellifto, -a.*

Von den Ordinalzahlen schlieszen sich die zwei ersten
icht an die Cardinalien an. Stamm *êrista-* ist Superlativ-
ildung zum Adverbium *êr* früher, Stamm *forman-* eine eben
olche, nur mittels eines sonst nicht mehr gebräuchlichen
uffixes *-man* von der Präposition *for* vor; Stamm *ôdara-* aus
ndara- erwuchs als Comparativ von einem Pronominalstamme
ana jener; es folgt der Declination der Adjectivstämme auf
a, § 38. Die übrigen Ordinalien sind aus den Grundzahlen

superlativisch herausgebildet. Doppelten Stamm hat nur die
Dreizahl, indem neben den häufigen, vom Stamme auf -*an*
gebildeten Casus auch einmal die vom Stamme auf -*a* gebildete
Form des dat. masc. *thriddiumu* Hel. Mon. 3093 sich findet.
Diesem letztern Stamm schlieszt sich der Bildung nach ein
nur in den Werdener Urkunden vorkommender Stamm *twêdia*-,
aber in der Bedeutung halb, an, von dem belegt ist: nom. sg.
fem. und acc. neutr. *twêdi*, acc. plur. fem. *twêdia*.

3. Andere Zahlbildungen. Für den Begriff des
griech. ἀμφότεροι dient Stamm *bêdia*-, von dem folgende Formen
begegnen: nom. acc. masc. und fem. *bêdia, bêdie, bêdea, bêde.*
Neutr. *bêdiu.* Dat. aller Geschlechter *bêdiun (bêdium* Hel.
Mon. 1177); *bêthen* in der Freck. Rolle. Gen. *bêderô.* Gewis
in sehr junger Zeit hat sich eine genitivische Singularbildung
bêdies ergeben, die zweimal im Heliand, zwei folgende Substantive oder auch Sätze zusammenfassend, begegnet.

Als Distributivzahl ist vorhanden Stamm *twiska*-, je zwei,
nur in der Verbindung *undar twisk* zwischen.

Multiplicativa bilden sich durch Zusammensetzung mit
Stamm -*falda* -fältig. Es begegnen nur nom. *ên-fald* einfach,
têhinfald, têhanfald zehnfach im Heliand, dat. *twi-veldeme*
zweifachem, acc. pl. *twifolda* zweifache in den Gl. Lips.

Zahladverbia auf die Frage wie viel mal sind vorhanden:
in den Psalmen *einis semel*; in der Freck. Rolle *thrîo* dreimal.
Umschrieben mit dem Instrumental oder Dativ des Stammes
sîda- Gang, Mal: *ôdru sîdu* (im ersten Teile unflectiert *ôder*
sîdu Hel. Cott. 5915) zum zweiten, *thriddeon sîdu* zum dritten
Male, *sibun sîdun* zu sieben Malen, *sibun sîdun sibuntig*
sieben und siebenzig Mal, Hel. 3252, *têhan sîdun* zu zehn Malen.

§ 42.

Pronomina. Die persönlichen ungeschlechtigen.

Sie betreffen zunächst die 1. und 2. Person. Ihre Formen-
entwickelung ist insofern eine ausnahmsweise reiche, als an
ihnen im altsächsischen und in der Werdener Mundart (nicht
in den Psalmen) neben singularen und pluralen auch duale
Formen erscheinen. Hier, wie bei der übrigen pronominalen
Declination ist die Bildung der Casus zum Teil in anderer
Weise erfolgt, als am Nomen (über das Adjectiv vgl. § 38).

a) Das Pronomen i c h.

	Sing.	Dual.	Plural.
n.	*ik (ëk* Taufgelübde).	*wit.*	*wi, we.*
c.	*mik, mi (mih* Beichte).	*unk.*	*ús.*
t.	*mi.*	*unk.*	*ús.*
n.	*mîn.*	*unkerô.*	*úserô.*

b) Das Pronomen d u.

	Sing.	Dual.	Plural.
m.	*thu.*	*git.*	*gi, ge.*
c.	*thi,* Cott. auch *thik.*	unbelegt.	*iu.*
t.	*thi.*	*ink.*	*iu.*
n.	*thin.*	unbelegt.	*iuar, iuwar.*

Zu der dualen Form *wit* findet sich einmal noch erklärend *dia* gesetzt Hel. Cott. 5594; wie auch einmal daselbst 5967 r Plural *gi* für den Dual *git* gesetzt ist.

Die Formen in den P s a l m e n sind folgende. 1. Person. . nom. *ik;* acc. *mi* und *m i h* (im 3. Psalm); dat. *mi* und *m i r* n 2. Psalm): gen. *mîn;* plur. nom. *wi* und *w i r;* acc. dat. *n s i g* und *u n s;* gen. unbelegt. — 2. Person. sg. nom. *thu;* c. *thi* und *t h i h* (im 2. Psalm); dat. *thi* und *t h i r* (daselbst); n. *thin;* plur. nom. *gi* und *i r* (im 2. Psalm): acc. dat. *iu;* n. unbelegt. — Zu diesen Formen tritt hier noch ein un-schlechtiges, reflexives der 3. Person, das nur einen singularen ccusativ und Dativ, beide in der Form *sig,* aber für beide umeri geltend, entwickelt. Dieses ungeschlechtige Pronomen t im altsächsischen und in der Werdener Mundart ausgestorben.

§ 43.
Die possessiven Pronomina.

Sie schlieszen sich rücksichtlich ihres Stammes der Genitiv-rm der persönlichen ungeschlechtigen Pronomina eng an, ihre asusbildung ist wie die eines Adjectivs auf stammhaftes -*a* 38). Das Possessivum der 1. sg., Stamm *mîna*- mein, ent-ickelt daher folgende Formen.

Masculinum.

g. nom. *mîn.*		Pl. nom. *mîna, mîne.*	
acc. *mînan.*		acc. *mîna, mîne.*	
instr. *mînu.*		dat. *mînun.*	
dat. *mînamu, mînumu, mînun.*		gen. *mînarô.*	
gen. *mînas, -es.*			

Femininum.

Sg. nom. *mîn.*	Pl. nom. *mîna, mîne.*	
acc. *mîna.*	acc. *mîna, mîne.*	
dat. *mînaru, -ero, -era.*	dat. *mînun.*	
gen. *mînarâ.*	gen. *mînarô.*	

Neutrum.

Sg. nom. *mîn.*	Pl. nom. *mîn, mînu.*	
acc. *mîn.*	acc. *mîn, mînu.*	
instr. *mînu.*	dat. *mînun.*	
dat. *mînumu.*	gen. *mînarô.*	
gen. *mînas, -es.*		

Der dat. sg. masc. und neutr. ist im Cott. gewöhnlich *mînon*, in den Psalmen *mînin.* der des fem. in der letzteren Quelle selten *mînere*, öfter *mînro*, welche Form zugleich den Genitiv vertritt. Als Form des nom. acc. pl. neutr. begegnet nur einmal (Hel. Mon. 4350) *mînu*, sonst *mîn*, im Cott. aber *mîna* nach Art der Masc. und Fem., welche Form auch die Psalmen neben *mîn* verwenden.

Ebenso declinieren

Stamm *thîna-* dein. Als acc. sg. masc. kommt neben *thînan* auch *thînna* vor. Im nom. acc. plur. neutr. ist die auf -*u* ausgehende Form *(thînu)*, wie bei den folgenden, unbelegt.

Stamm *sîna-* sein; im altsächsischen wie im altniederfränkischen in beinahe allen Casus vorhanden, trotzdem das Reflexivum der 3. Person, wie vorhin bemerkt, dort ganz, hier bis auf den Accusativ, der zugleich in dativem Gebrauche steht, ausgestorben ist.

Stamm *unka-* unser beider, aus Stamm *unkara-* verkürzt und nur im Heliand in folgenden Casus begegnend: nom. sg. fem. *unka.* dat. neutr. *unkun;* fem. *unkro.* nom. acc. pl. fem. und neutr. *unka.* dat. *unkun.*

Stamm *inka-* euer beider (aus *inkara-*), wie der vorige, in folgenden Casus: acc. sg. masc. *inkan;* fem. *inka.* acc. pl. fem. *inka.* dat. *inkun.*

Stamm *ûsa-* unser, in dieser Form nur im altsächsischen und in den Werdener Quellen in zahlreichen Casus erscheinend. Als nom. sg. fungiert *ûsa.* was nur eine Kürzung von *ûsar* sein kann (wie oben *unka* aus *unkar*). Wenn neben dem dat. plur. *ûsun* auch die Form *ûsson* Hel. 2569 Cott. vorkommt, so ist dieselbe aus *ûsron* assimiliert. In den Psalmen gilt Stamm *unsu-;* Stamm *unsara-* nur im nom. sg. *unsar*, der gleich häufig wie nom.. *unsa* belegt ist.

Stamm *iwa-* und *iuwa-* euer, in allen Casus. Der nom.
. *iwa* und *iuwa* ist wie der des vorigen Stammes zu deuten.
ie ungekürzte Form *iuwar* dieses Casus begegnet Hel. 4443
ott.; auszerdem blickt Stamm *iwara-* hervor im acc. sg.
asc. *iuwaron* (statt *iuwaran*) daselbst 1342, und im acc. pl.
utr. *iwara* Ps. 61, 9.

§ 44.

Geschlechtiges Pronomen der 3. Person.

Die Casus dieses Pronomens bilden sich aus drei Stämmen,
ie ursprünglich Demonstrativstämme sind: Stamm *hi-*, von
em nur der nom. sg. masc. entspringt (und der in demon-
rativer Bedeutung noch in den Compositen *hin-day* diesen
ag, und *hô-digo* heute aus *hiu dagu* erhalten ist), Stamm
ia-, der im nom. acc. sg. fem. und im nom. acc. plur. aller
eschlechter erscheint, und Stamm *i-* in allen übrigen Formen.
ie dem Pronomen eigentümlichen Casusbildungen, so weit sie
och erhalten sind, lassen sich an diesem und dem im § 45, 1
ufgeführten Pronomen am besten übersehen.

Masculinum.

Sg.	nom.	*hi, he, hie.*	Pl.	nom.	*sia, sie, sɩa.*
	acc.	*i-na, i-na-n.*		acc.	*sia, sie, sea.*
	dat.	*i-mu, i-m.*		dat.	*i-m.*
	gen.	*i-s.*		gen.	*i-rô.*

Femininum.

Sg.	nom.	*siu.*	Pl.	nom.	*sia, sea, sie.*
	acc.	*siu, sea, sie.*		acc.	*sia, sea, sie.*
	dat.	*i-ru, i-ro.*		dat.	*i-m.*
	gen.	*i-râ, i-ro, i-ru.*		gen.	*i-rô.*

Neutrum.

Sg.	nom.	*i-t.*	Pl.	nom.	*siu.*
	acc.	*i-t.*		acc.	*siu.*
	dat.	*i-mu, i-m.*		dat.	*i-m.*
	gen.	*i-s.*		gen.	*i-rô.*

Die Form *hie* des nom. sg. masc. ist dem Cottonianus
nd den Psalmen eigen; im 3. Psalm begegnet die Form
e-r, die das Casussuffix (*r* aus früherem *s*) noch bewahrt hat.
ler acc. sg. *i-na,* neben dem einmal (Hel. Mon. 755) *i-na-n*

mit doppeltem Accusativzeichen sich findet, ist den Psalmen
unbekannt, die den Dativ *imo* dafür mit verwenden. *imu* im
Heliand ist die seltenere Dativform, gewöhnlich steht *im* für
sing. und plur. gemeinschaftlich. *himo* dat. sg. und *hin* dat.
plur. der Ps. 2. und 3. sind Bildungen von dem Stamme *hi-*,
der sonst in diesen Casus nicht vertreten ist; ebenso gen. pl.
hirâ, Taufgel. 6 für *irâ*, *irô*.

Für den gen. sg. fem. ist *irâ* häufig, oft aber auch wird
die Dativform *iro (iru* Hel. Cott. 5454) stellvertretend verwendet. — Für den gen. plur. *irô* aller Geschlechter steht *irâ*
alts. Beichte 26. — Der nom. acc. plur. masc. und fem. *sia*,
sea ist für das neutrale *siu* gesetzt Hel. 1394. 2547, und in
den Psalmen 18, 12. 54, 22.

§ 45.

Demonstrative Pronomina.

1. Das einfache demonstrative Pronomen der, die, das,
welches zugleich als Artikel verwendet wird, bildet seine
Formen von den Stämmen *tha-* und *thia-*, welcher letztere im
nom. acc. sg. des Femininums, im instr. sg. des Neutrums,
und im nom. acc. plur. der drei Geschlechter hervortritt. Die
Declination ist die folgende.

Masculinum.

Sg.	nom.	*the, thie.*	Pl.	nom.	*thie, thea, thê.*
	acc.	*tha-na, thë-na,*		acc.	*thie, thea, thê.*
		tha-n, thë-n.		dat.	*thê-m.*
	dat.	*tha-mu, thë-mu.*		gen.	*thë-rô.*
	gen.	*thë-s.*			

Femininum.

Sg.	nom.	*thiu.*	Pl.	nom.	*thia, thea, thie.*
	acc.	*thiu, thea, thie.*		acc.	*thia, thea, thie.*
	dat.	*thë-ru, thë-ro.*		dat.	*thê-m, thë-n, tha-n.*
	gen.	*thë-râ, thë-ro, thë-ru.*		gen.	*thë-rô.*

Neutrum.

Sg.	nom.	*that.*	Pl.	nom.	*thiu.*
	acc.	*that.*		acc.	*thiu.*
	instr.	*thiu.*		dat.	*thë-m.*
	dat.	*thë-mo, thë-m, thë-n.*		gen.	*thë-rô.*
	gen.	*thë-s.*			

Von den Formen die den Stammvocal rein erhalten, er-
heint *tha-na* einige Male im Hel. Mon. (1096. 1695); sonst
hören die notierten nur der Freckenhorster Rolle an. Die
ormen die den Stammvocal zu *ë* geschwächt zeigen, sind
rchaus die gewöhnlichen. Der nom. sg. masc. *thie* ist dem
ttonianus und den Psalmen eigentümlich. Der nom. plur.
asc. *thê*, eine seltene Erscheinung, vom einfachen Stamm *tha-*
bildet, ist nur im Monacensis anzutreffen. Für den nom. acc.
. neutr. *thiu* wird die Form des Masc. und Fem. *thia* gesetzt
raszb. Gl. 32 und Ps. 61, 12; *thie* mehrmals in der Frecken-
rster Rolle. — Ein sonst im einfachen Demonstrativ nicht
rscheinender Stamm *sa-* hat viermal im Cottonianus den nom.
g. masc. *se* erzeugt.

Das einfache Demonstrativum musz zugleich das im alt-
ächsischen und altniederfränkischen fehlende Relativpronomen
ertreten, so weit diese Vertretung nicht durch Partikeln
eschieht (§ 55, 3).

2. Der verstärkte Demonstrativbegriff d i e s e r wird von
em Stamme *thësa-*, in einigen Casus *thësia-* gebildet, der aus
en zusammengewachsenen Stämmen *tha-* und *sa- (sja-)* ent-
tanden ist. Die Formen sind diese:

Masculinum.

Sg. nom.		Pl. nom.	*thësa, thëse.*
acc.	*thësan.*	acc.	*thësa, thëse.*
dat.	*thësumu, -um, -on.*	dat.	*thësun.*
gen.	*thësas, -es.*	gen.	*thësaró, thësoró.*

Femininum.

Sg. nom.	*thius.*	Pl. nom.	*thësa, thëse.*
acc.	*thësa.*	acc.	*thësa, thëse.*
dat.	*thësaru,-aro,-ero,-era.*	dat.	*thësun.*
gen.	*thësará* und Dativform.	gen.	*thësaró, thësoró.*

Neutrum.

Sg. nom.	*thit.*	Pl. nom.	*thius.*
acc.	*thit.*	acc.	*thius.*
instr.	*thius.*	dat.	*thësun.*
dat.	*thësumu, -um, -on.*	gen.	*thësaró, thësoró.*
gen.	*thësas, -es.*		

Der nom. sg. masc. begegnet nicht, als seine Form wird
thësa angesetzt. Neben dem nom. sg. fem. *thius* steht einmal
(Hel. Cott. 1950) *thësu*, und für acc. pl. *thius thësa* (daselbst
1826). — Die neutrale Form *thit (thitt* Hel. Cott. 4158) kann

nicht demselben componierten Stamm wie die andern Casusformen entsprossen sein, sie ist wahrscheinlich eine Weiterbildung der einfachen Demonstrativform *that* mittels eines alten
demonstrativen und relativen Stammes *ja*, die sich durch *theti*
hindurch bis auf *thitt, thit* verflüchtigt hat.

3. Das Pronomen der Bedeutung s e l b s t, adjectivisch
declinierend, bildet sich teils vom Stamme *sëlba-* (nom. sg.
sëlf, acc. sg. masc. *sëlban*, fem. *sëlba*, neutr. self, dat. sg.
masc. neutr. *sëlbumu* u. s. w.), teils vom erweiterten Stamme
sëlban. Hier steht die Nominativform des Masculinums *sëlbo*
zugleich für das Femininum; in den andern Casus (acc. dat.
gen. *sëlbun, sëlbon)* unterscheiden sich beide Geschlechter
ohnehin nicht; neutrale Formen sind unbelegt. Der letztere
Stamm *sëlban-* in Verbindung mit dem Artikel drückt den
Begriff d e r s e l b e aus, in folgender Declination:

	Masc.	Fem.	Neutr.
Sg. nom.	*the sëlbo.*	*thiu sëlba.*	*that sëlba.*
acc.	*thena sëlbon (-un).*	*thia sëlbun.*	*that sëlba.*
dat.	*themu sëlbon.*	*theru sëlbun.*	*themu sëlbun*

u. s. w.

Anstatt des Artikels tritt das Pronomen *thësa* dieser vor
in *an thësero sëlbun naht* in dieser selben Nacht Hel. 400.

4. Der Demonstrativbegriff j e n e r fehlt im altsächsischen
und altniederfränkischen, wie in den altniederdeutschen Dialecten
überhaupt.

§ 46.

Interrogative Pronomina.

Sie entspringen dem Stamme *hwa-*, geschwächt *hwi-, hwë-*.

1. Die allgemeine Frage w e r? drückt aus das femininer
und pluraler Formen entbehrende

Masc.	Neutr.
nom. *hwë*, Cott. u. Ps. auch *hwie*.	nom. *hwat*, Ps. *wad*.
acc. *hwë-na*.	acc. *hwat*, „ „
dat. *hwë-mu*.	instr. *hwiu, hwëo, hwi*.
gen. *hwë-s*.	dat. *hwëmu*.
	gen. *hwë-s*.

2. Die Frage w e r v o n b e i d e n? gibt der mit einem
alten Comparativsuffixe aus dem vorigen herausgebildete Stamm

hwëđara-, der nur im acc. sg. neutr. *hwëđar*, gen. *hwëđeres*, auszerdem im acc. sg. masc. *hwëđeron* (für *hwëđeran*) Hel. Cott. 5413, aber hier mit dem Zusatze *therô twéiô* vorkommt, so dasz hier die scharfe duale Bedeutung untergegangen ist (vergl. das § 42 aufgeführte *wit bêđia* wir beide).

3. Die Frage welcher, was für ein? wird gestellt durch das componierte Pronomen Stamm *hwi-lika-*, dessen zweiter Teil einen Adjectivstamm *lika-*, Gestalt habend, beschaffen, enthält, und das seine Formen gemäsz § 38 bildet:

		Masc.	Fem.	Neutr.
Sg.	nom.	*hwilik.*	*hwilik.*	*hwilik.*
	acc.	*hwilikan.*	*hwilika.*	*hwilik.*
	instr.	*hwiliku.*	—	*hwiliku.*
	dat.	*hwilikumu.*	*hwilikaru.*	*hwilikumu.*
	gen.	*hwilikas, -es.*	*hwilikará.*	*hwilikas, -es.*
Pl.	nom.	*hwilika, -e.*	*hwilika, -c.*	*hwilik*

u. s. w.

Für den dat. sg. masc. begegnet in den Psalmen die contrahierte Form *wëlimo*, Gl. L. 1013.

Dem *hwilika-* antwortet Stamm *sulika-*, nom. sg. *sulik*, so beschaffen, solch, mit gleicher Declination.

§ 47.

Indefinita.

Folgende Indefinita kommen im altsächsischen und altniederfränkischen vor.

1. Stamm *suma-* irgend einer, ein gewisser, adjectivisch declinierend (nom. sg. *sum*; acc. sg. masc. *suman*, fem. *suma*; plur. nom. masc. fem. *suma*, *sume* u. s. w.); mehrfach in Verbindung mit dem Pronomen der 3. Person: *sum it* einiges, manches, *sume sie* oder *sie sume* einige.

2. Der Substantivstamm *manna-* hat auszer dem concreten Begriffe *homo* im nom. sg. *man* auch den unbestimmten Sinn unseres heutigen man auszudrücken. Mit einer Negation componiert (*nêo-man, nio-man*) heiszt es niemand.

3. Stamm *êna-*, nom. *ên* hat nicht blosz numeralen Sinn (§ 41, 1), sondern auch den unseres unbestimmten Artikels in häufigen Beispielen. Hier begegnet auch eine Pluralform bei

pluralibus tantum: dat. *énun* Hel. 1995. — Der componierte
Stamm *ni-éna* (dat. sg. *ni-énumu* Hel. Mon. 3804) öfter *ni-g-éna*
aus *ni-gio-êna* (nom. sg. *nigên, negên,* dat. *nigênumu, nigénon*)
drückt aus: niemals einer, gar keiner.

4. Stamm *wihti-*, nom. *wiht* ein Ding, hat den indefiniten
Sinn etwas, in Verbindung mit der Negation nicht etwas, nichts.
namentlich im acc. sg. *wiht,* im instr. *ni . . . mid wihtiu* oder
wihti mit nichten, im gen. *wihtes.* Dieselben Casus erlangen
auch adverbiale Geltung, durchaus nicht, keineswegs. Composita
sind die nom. acc. *êo-wiht* irgend ein Ding, etwas, und *nêo-
wiht, nio-wiht,* Psalmen *niwiht* nichts.

5. Wie die Fragstämme *hwa-* und *hwilika-* in einigen
Casus (nom. masc. *hwë,* neutr. *hwat,* instr. *hwí,* dat. *hwëmu;*
nom. *hwilik,* acc. *hwilikan,* dat. *hwilikumu*) auch in indefiniter
Bedeutung stehen, so lehnen sich an interrogative Pronomina
eine Anzahl Bildungen in solchem Sinne an. An fragendes
hwë, hwat wer, was: *sô hwë sô* wer immer, *sô hwat sô* was
immer, acc. *sô hwëna sô,* dat. *sô hwëmu sô,* gen. *sô hwës sô;*
gi-hwë, gi-hwat, jeder, jedes, acc. *gi-hwëna* und *gi-hwana,* dat.
gi-hwëmu und *gi-hwëm* (diese Form auch in Bezug auf ein
Femininum gebraucht, Heliand 350. 1203), gen. *gi-hwës.* An
hwëdar welcher von beiden: acc. neutr. *sô hwëdar sô* was
immer von beiden, gen. *sô hwëderes,* acc. *ôdar hwëdar* eins
von beiden; ferner, nur in der Freckenhorster Heberolle belegt,
ge-hwëthar jeder von beiden, *ia-hwëthar* (ahd. *êo-hwëdar*) und
ge-i-hwëthar (ahd. *êo-ga-hwëdar*) derselben Bedeutung, und,
in der Essener Rolle, *ne-hwëthar* keiner von beiden; an *hwilik*
welcher: *sô hwilik sô* wer immer in allen Singularcasus und
im acc. plur. *sô hwilike sô; gi-hwilik* jeder; *eo-giwelik* jedes,
Werdener Psalmencomm. 45; *ein-wilik,* dat. *ein-wilikin uni-
cuique* Ps. 61, 13, und endlich *dag-hwilik, daga-wëlik* täglich
im adverbialen gen. sg. *daga-wëlikis quotidie* Ps. 67, 20, und
in der Dativbildung von dem erweiterten Stamme *-hwilikan,*
der sonst nicht begegnet: *te thëro dac-hwilekan prëvenda* zum
täglichen Einkommen Freck. Rolle 476.

§ 48.

Adverbia.

1. Von Ortsadverbien, die aus Pronominalstämmen her-
vorgehen, sind folgende zu nennen. Vom Demonstrativstamme
tha- ist gebildet *tha-r* in der doppelten Bedeutung da und

dahin, *tha-rod* dahin, *tha-nan* daher; vom Demonstrativstamme
hi-, der sonst am persönlichen geschlechtigen Pronomen (§ 44)
hervortritt, *hi-r*, *hë-r*, hier und her (im Cott. *hie-r)*, *hë-rod*
hierher, *hi-nan* und *hi-nana* von hier aus, weg von hier, eine
Weiterbildung des besagten Stammes tritt in *be-hindan* hinterdrein zu Tage; vom Fragstamme *hwa-* endlich *hwa-r* im Sinne
von wo und wohin, *hwa-rod* wohin, *hwa-nan* woher. Temporale
oder causale Bedeutung haben erlangt die Bildungen *tha-n*
damals, da, *hwa-n* wann, *hwa-nda* und *hwa-nd* denn, weil, da;
auch *tha-r* bedeutet oft temporal da, nun. —

Gleicherweise treten zu *út* heraus, hinaus, fort, und *úta*
auszen und hinaus *út-an* drauszen, auszerhalb, und *út-ar*, *far-*
út-ar in der Richtung nach auszen, daher abgeblaszt auszer,
ohne; zu *nide* unten und nieder *nid-ana* von unten und *nid-ar*
nach unten, nieder; zu einem nicht belegten *oba* oben *ob-ana*
von oben her und *ob-ar* nach oben, über; zu *up* auf, hinauf,
in die Höhe und *uppa* oben, in der Höhe, *upp-an* mit der
modifizierten Bedeutung in der Höhe, oben, und in die Höhe,
hinauf; zu *in* hinein und *inna* innerhalb, *inn-an* innen; zu
for vor, hin vor und *fora* vor, angesichts, *for-an* vorn, *bi-*
for-an vorn, vorher; zu *fër*, fern, *fërr-ana* und *fërr-an* von
ferne. Nahe zu *ëft* wider, von neuem, eigentlich weiter
hinten (verwant mit dem Adverbium *af* ab, weg von etwas)
stehen auch *aft-an* in der Richtung von hinten, nachher, und
aft-ar nach hinten, hinterdrein; und zu den Adverbien der
Himmelsgegenden *ôst*, *wëst*, *súd* und *nord*, von denen nur das
letztere in der Bedeutung nordwärts belegt ist, gesellen sich
ôst-ana und *ôst-an* von Osten her, *ôst-ar* nach Osten, ostwärts,
wëst-ana und *wëst-an* von Westen her, *wëst-ar* westwärts, und
súd-an von Süden her: *súthon ab austro* Gl. Lips. 365.

2. Adverbia des Grades, der Art und Weise sind häufig
von Adjectiven mittels eines schlieszenden -o gebildet; in ihnen
ist möglicher Weise ein versteinerter Ablativ enthalten. So
von Stamm *hêta-* heisz *hêto;* von Stamm *grimma-* grimm
grimmo; von Stamm *hêdara-*, *hêdra-* heiter *hêdro*, von *hluttara-*
lauter *hluttro* u. a. Bei Stämmen auf -*ia* prägt sich im Adverbium das *i* nicht aus, und der von demselben in den Ad-
jectivformen geweckte Umlaut erscheint daher nicht: Stamm
skônia- schön, *skôno;* Stamm *stillia-* still *stillo;* Stamm *dernia-*
verborgen *darno;* Stamm *festia-* fest, *fasto*, u. a.

3. Adverbien im Comparativ bewahren das § 39 genannte
Suffix -*or (hôhor* höher von *hôha-*, *diopor* tiefer von *diopa;*
ôdor leichter von *ôdia-* u. a.), das auch zu *ur* wandelt
(sáftur sanfter). Das Suffix -*ir* dagegen ist ganz geschwunden,
seine Wirkung äuszert es noch durch Umlaut der Stammsilbe

wo er statt haben kann: *lang* und *leng* länger aus *lengir, bat*
und *bet* besser, *sid* später. — Von Adverbien im Superlativ
begegnet *betst, best* am besten.

4. Casus von Substantiven und Adjectiven haben adverbiale Geltung erlangt; so der acc. sg. neutr. *filu* sehr,
höchst, *rёht* gerade, eben; der instr. sg. *mikilu* um vieles, sehr
der gen. sg. neutr. *ford-wardes* vorwärts; die dat. pl. *grôtun*
höchst, viel, *gáhon* eilig, *stridiun* mit Mühe, *githuldiun* mit
Geduld, geduldig. *firinun* wunderbar, höchst (Stamm *firina*-
Sünde); *listiun* mit Kunst, klüglich, *hwilon* zu Zeiten, zuweilen.

Die schon § 44 erwähnten Adverbien *hin-dag* und *hô-
digo* heute sind Zusammenrückungen von Casus, das erstere
zweier Accusative, das letztere, mit einiger Verstümmelung,
zweier Instrumentale.

§ 49.

Präpositionen.

Die Präpositionen stehen gewöhnlich unmittelbar vor dem
Casus den sie regieren; selten folgen sie demselben und sind
von ihm durch andere Worte getrennt (vergl. die Stellung von
umbi Hel. 2375. 4917). Sie werden mit folgenden Casus
verbunden.

1. mit dem Accusativ: *thurh*, altniederfr. *thuru* durch,
wegen; *umbi* um — herum, wegen, betreffs; *áno* ohne; *ant*
bis zu, mit der Nebenform *unt*.

2. mit dem Dativ: *af* von, weg von; *aftar* nach, hinter;
at an, auf, bei, bei Verben des Greifens und Nehmens durch
von zu übersetzen; *ёr* vor (in zeitlicher Bedeutung); *bi-foran*
vor, wegen; *fan, fon* von, durch, gemäsz; *mid* mit, vermittelst;
te zu; die letztere Präposition ist vom Adverbium *tô*, altnfr.
tuo lautlich geschieden, welches aber auch als Präposition verwendet wird.

3. mit dem Accusativ und Dativ, mit dem ersteren zum
Ausdrucke der Bewegung, mit dem letzteren zu dem der Ruhe,
des Bleibens: *an* an, in; *bi, be* bei, durch, mit; *for, far, fur*
mit den Nebenformen *fora* und *furi* vor, für, wegen; *obar* über,
auf; *undar* unter; *uppan* auf; *wid* wider; *widar* wider.

4. mit dem Instrumentalis des einfachen Demonstrativs,
thiu, verbinden sich mehre Präpositionen zur Bezeichnung
allgemeiner temporaler oder causaler Verhältnisse: *aftar thiu*
nachdem, danach; *an thiu* daran, daher; *bi thiu* und *far thiu*

eswegen; *te thiu* dazu; *undar thiu* unterdes, während der
eit; *wið thiu* und *widar thiu* dagegen, dafür.

Die Präp. *mid* nimmt auch andere Instrumentale zu
ich *(mid kraftu* mit Macht, *mid hluttru hugi* mit lauterm
inne, u. a.), oft in engem Wechsel mit dem Dativ *(mid
ensscemo bluodo* mit menschlichem Blute, Werdener Psalmen-
omm. 42).

§ 50.

Conjunctionen.

Von den Conjunctionen sind folgende
1. copulativ: *endi* und; *ôk* auch; *ge* und. Die erstere
verbindet sowol einzelne Satzglieder als ganze Sätze, die zweite
knüpft gemeiniglich (wenn sie nicht in der Verbindung *endi
ôk* steht) nur ʻeinen zweiten Satz an den ersten an. Bei *endi*
sind die verbundenen Satzglieder und Sätze einander gleich-
gestellt, während *ôk* steht, wenn der zweite Satz gegen den
ersten einen gesteigerten Begriff enthält, daher das Wort auch
in den meisten Fällen durch auszerdem, überdem zu übersetzen ist.

Dieselbe Geltung wie *endi* hat das minder häufige *ge*,
auch in der Form *gia* oder *ja* vorkommend und in doppelter
Stellung *(ge . . ge, ge . . gia,* Cott. auch *gie . . gie)* unser
sowol . . als auch bezeichnend; mit *ôk* gleicher Bedeutung ist
giak, jak, vielleicht aus *ge (ja)* und *ôk* zusammengeflossen.

Der Gegensatz von *endi* ist *ni, ne* nicht, mit der Weiterbildung *nek* auch nicht, in doppelter oder mehrfacher (vier-
facher Hel. 3272—73) Stellung weder . . noch; in gleichem
Sinne steht *ne . . nek* Hel. 1853.

2. disjunctiv in der Bedeutung oder ist *efðo,* mit der
Nebenform *efða* und der wahrscheinlichen Kürzung *the.* In
doppelter Stellung *efðo . . efðo* entweder . . oder.

3. adversativ stehen *ak,* aber, sondern; *thôh,* wenn auch,
wenn gleich. Das letztere wird wegen seiner Stellung in einem
Bedingungs- und Folgerungssatze immer mit dem optat. verbi
verbunden. Die Bedeutung von wenn nicht, auszer dasz, drückt
im Monacensis des Heliand *bútan,* im Cott. *newan,* in den
Psalmen *navo, nova* und *novan* aus.

4. von conditionalen Conjunctionen sind zu nennen: *ef*
wenn, sofern, *neba, nebu, nebo,* wenn nicht, sofern nicht, welche
letztere Form nahe an das eben genannte *navo* und *nova* der

Psalmen rührt. Auch das temporale *than* und das locale *thar*
dienen bisweilen in der conditionalen Bedeutung wenn.

5. comparative Conjunctionen. Nach den Comparativen
steht *than* (*sô mikilu is he betara than ik* Hel. 941. *mêr
sprak endi mér swîgôda than ik skoldi* alts. Beichte 41.
42); in positiven Sätzen *sô* (*bist thi thôh man sô wi* Hel. Cott.
3954. *sêra endi unfráha ne trôsta sô ik skolda* Beichte 27),
ersteres durch als, letzteres durch wie zu übersetzen.

6. temporale. Wenn *than*, das als Adverbium die Bedeutung damals, von da an hat (§ 48, 1), in Verbindung mit einem
Verbum im Indicative tritt, so ist es mit als, da zu übersetzen,
gleichen Sinn in gleicher Verbindung entwickelt das sonst local
demonstrative *thar*.

7. Eine der häufigsten Partikeln ist *sô*, aus früherem
swa entstanden, und mit dem ungeschlechtigen Reflexivum der
3. Person (§ 42) eng verwant. Die Grundbedeutung der Partikel ist eine affirmative, auf einen vorhergehenden Satz rück-
bezügliche, sie läszt sich etwa durch also, in solcher Weise
wider geben. Aus dem demonstrativen also entwickelt sich
zunächst ein relatives und vergleichendes wie, dann erlangt
die Partikel auch oft conjunctionelle Verwendung, indem sie
temporales und causales da, indem, während ausdrückt. In
doppelter Stellung (*sô .. sô*) ist ihre Bedeutung teils so ..
wie. so .. als, teils als .. da, teils sowol .. als auch, teils
endlich so .. dasz.

§ 51.

Interjectionen.

Eigentliche Interjectionen, elementare, von Wortbildung
absehende Empfindungslaute, sind in den altsächsischen und
altniederfränkischen Quellen nicht belegt. Eine Anzahl ad-
verbialer Bildungen erfahren aber interjectionelle Verwendung;
unter ihnen am häufigsten *hwat*, eigentlich der acc. sg. neutr.
des einfachen Fragpronomens, in leise fragendem, auch ver-
wunderndem Sinne gebraucht, und meist durch was, traun,
fürwahr zu übersetzen; so dann *wêla*, auch *wolu*, das Adverbium wol, als Interjection in glückwünschender, segnender,
aufmunternder Bedeutung (vgl. Werdener Psalmencomm. 62. 64;
wala o Gloss. Lips. 996), aber auch einmal, Heliand 5013, als
Ausruf der Klage. *wê* wehe, ein Substantiv mit der Bedeutung
Wehe, Schmerz, begegnet als Interjection Hel. 3692, aber in
einer Verbindung, die durch das beigesetzte Verbum den Sub-

stantivcharacter des Wortes noch deutlich zeigt: *wê ward
thi, Hierusalêm!* eigentlich Wehe geschah dir! Verwant mit
wê ist *wah*, ein Substantiv gleicher Bedeutung, das sich als
Interjection ebenso wie *wê* construiert findet *(wah ward
thêsaro wëroldi* Hel. 5575).

Aufmunternden Sinn hat *wita!* wolauf, wolan! Heliand
223 u. ö. mit folgendem Infinitiv eines Verbums. Es ist wol
eine Verstümmelung der 1. plur. optat. präs. von *witan*, ursprünglich sehen, blicken, und mit der Vorsilbe *ge*- verbunden, gehen.

In den Psalmen übersetzt *icco* und *ëcco* das fremde *ecce*.

Dritter Abschnitt.

Bemerkungen zur Syntax.

--- ----

§ 52.

Verbum.

1. Von der Regel, dasz das Verbum in seinem Numerus mit seinem Subjecte übereinstimmen müsse, gibt es Ausnahmen. Nach der Formel *thëro the* oder in dem Falle, dasz die letztstehende Relativpartikel unterdrückt ist, blosz *thëro*, folgt das Verbum nicht im Plural, sondern im Singular, indem die Beziehung des Verbums nicht an den pluralen Teilungsgenitiv, sondern an das ihm im Singular vorausgehende Pronomen oder Adjectiv anknüpft:

Hel. 835. *allarô barnô betsta thërô the gio giboran wurdi.*

4413. *thêm mannun the hër minniston sindun thërô nu undar thësaru menegi standid.*

2. Collectivbegriffe können ihr Verbum entweder im Singular oder im Plural zu sich nehmen:

Hel. 4915. *wërod* (das Volk) *Judeonô gripun thô an thena godes sunu.*

527. *faganôda wërod aftar them wiha, gihôrdun wilspel mikil fon gode seggean.*

5139. *thiu thiod* (Schaar) *ûte stôd, mahlidun thanan wid thea menegi.*

3. Verben des Besitz ergreifens, herschens, erlangens, schützens regieren neben dem Accusativ und Genitiv auch den Dativ:

Hel. 499. *thu skalt noh kara thiggian* (erlangen).

2210. *hie iro . . mundôda* (schirmte).

Hel. 2211. *thie hélago, thie himiles giwaldid* (herscht).

3074. *that thu móst aftar mi allun giwaldan kristinum folke* (regieren).

Werdener Ps. Comm. 73. *thiu idalnussi biwaldid* (beherscht)
irô hërtonô.

4. Verben des entziehens und beraubens nehmen den
Instrumental der Sache und den Accusativ der Person zu sich:
Hel. 1434. *that he ôdrana aldru bincote, libu bilôsie.*

3888. *the thi wëldun libu beniman.*

Beim Femininum das einen Instrumental nicht bildet, tritt
statt dessen ein Genitiv auf:
Hel. 151. *habad unk eldi binoman ellean-dâdi.*

Verben des verweigerns haben den Dativ der Person und
den Genitiv der Sache:
Hel. 3017. *that he is barnun brôdes aftihe.*

4442. *giwernidun imu iuwarô wëlonô.*

5. Verben der Bewegung im weitesten Sinne, der körper-
lichen wie der seelischen (in Erwartung, Furcht, Kummer)
nehmen gern den Dativ des persönlichen Pronomens, von dem
der 3. pers. (§ 44) in reflexiver Bedeutung, zu sich:
Hel. 5586. *gang* (gehe) *thi fan thëm krûce nider.*

1085. *skrîd* (schreite) *thi te ërdu hinan.*

796. *thô fôrun* (zogen) *im ëft thie liudi thanan.*

3294. *wenda* (kehrte) *imu ëft thanan.*

2410. *kên* (keimte) *imu thâr endi klibôda.*

4884. *andrêdun* (fürchteten) *im thës billes biti.*

1880. *thâr siu iro nîd-skepies, witodes wânit* (vermutet).

Auch die Verben thun und sein sind oft mit einem solchen
Dativ verbunden:
Hel. 3999. *duan ûs alla sô!*

3954. *bist thi thôh man sô wi.*

2496. *is imu fëknes ful endi firin-wërkô.*

87. *wârun im barnô lôs.*

6. Den Genitiv regieren eine gröszere Menge von Verben,
nämlich
des hoffens, glaubens, trauens, wünschens, bedürfens, bittens
(letzteres mit dem Acc. der Person die man bittet):
Hel. 3155. *ferhes ni wândun* (hofften), *lengiron libes.*

1527. *that ërl thurh untrëwa ôdres ni wili wordô gi-
lôbian* (glauben, vertrauen).

1481. *that he biginna thërâ girnean* (begehren).

Hel. 1689. *gёrôt* (trachtet) *gi simbla ёrist thёs godes rikeas.*
    1560. *thâr thu is lango bitharft* (bedarfst), *fagarorô frumonô.*
    4038. *sô huёs sô thu biddean* (bitten) *uili bёrhtan drohtin;*
des genieszens, brauchens, sich erfreuens:
Hel. 3586. *thёs sie dages liohtes brûkan* (genieszen) *môstun.*
    2356. *lёt ina an thёsoro uёroldi forð uunnconô neotan* (sich erfreuen);
des essens und trinkens:
Hel. 4567. *that ik .. ni môt .. môses anbîtan* (Speise kosten).
    2548. *rёht sô he thô thёs uînes gedrank* (trank);
des versuchens, prüfens:
Hel. 1030. *uёlda is thâr lâtan kostôn kraftiga uihti.*
    1094. *that thu te hardo ni skalt hёrron thînes fandôn;*
des beachtens, bekümmerns, behütens; zielens, strebens, erfassens:
Hel. 389. *thea thâr ёhu-skalkôs ûta uârun, .. uiggeô gômean* (hüten).
    5685. *thia thёs hrêues thâr huodian* (hüten) *skoldun.*
    741. *mênes ni sâhun* (beachteten), *uities thie uamskadon.*
    5654. *gifuolda* (nahm wahr) *irô fёknes.*
    1690. *rômôd gi* (strebet) *rёhtorô thingô.*
    2928. *nu gi môdes skulun fastes fâhan* (fassen);
des hörens, aufmerkens:
Hel. 2660. *hôrian ni uёldun is gibod-skepies;*
des bewunderns, wunderns:
Hel. 203. *uundrôdun thёs uёrkes;*
des bekennens, zugestehens, erinnerns, vergessens (letztere neben dem Accusativ):
Hel. 5194. *bigihit ina sô grôtes* (berühmt sich).
Beichte 30. *ik iuhu* (bekenne) *unrёhtarô gisihtiô.*
Hel. 4999. *gihugda* (gedachte) *thёrô uordô.*
    3604. *fargâtun godes rikies;*
des entbehrens, mangelns, lassens, erlassens:
Hel. 1329. *he skal te êuan-dage aftar tharbôn* (entbehren), *uёlon endi uillion.*
    1499. *mide* (vermeide) *thёs mâges.*
    101. *that sie hёban-kuning lёdes alêti* (frei liesze).

7. Auslassung eines Infinitivs.

a) nach *lâtan* ist der Inf. *uёsan* häufig unterdrückt:
Hel. 4379. *be thîn lâtad iu an iuuan môd sorga!*
    948. *ne lâtad iuuan hugi tuîflian* (zweifelnd).

b) nach *skulan* (sollen) werden die Infinitive *gangan*
gehen, *kuman* kommen, *wësan* sein fortgelassen:
Hel. 576. *thô he thanan skolda (gangan).*
3395. *that sie skulin ôk an thit witi te mi (kuman).*
3963. *that skolda wël sinnon (wësan);*
ebenso nach *willian* (wollen):
Hel. 777. *thô sie thanan wëldun (gangan).*

§ 53.

Substantiv.

1. Von dem grammatischen Geschlecht des Substantivs
darf abgewichen werden zu Gunsten des natürlichen bei den
Wörtern *barn* (Kind), *wîf* (Weib), *frî* (Weib):
Hel. 3162. *gisâhun that barn godes ênna standan.*
3842. *hétun thâr lédian forð ên wîf for thëmu werode,*
thiu habda wam gefrumid.
435. *that frî al bihêld an irâ hugi-skeftiun.*

2. Zeitbestimmungen, wenn sie ein Erstrecken über einen
gewissen Zeitraum bis zu einem bestimmten Ziele ausdrücken,
stehen im Accusativ:
Hel. 174. *bidun allan dag that wërod for them wiha.*
5877. *thia obar them grabe sâtun alla langa naht.*
4780. *ni mugun samad mit mi wakôn êna tid?;*
wird dagegen Zeitpunkt, Zeitdauer angegeben, so geschieht
dies durch Instrumental, Dativ oder Genitiv:
Hel. 1076. *ôðru sîðu* (zum zweiten Male) *fandôda is frôhon.*
3246. *skal ik im sibun sîðun irô sundeâ alâtan.*
515. *dages endi nahtes gode thionôda.*

Oft steht aber auch in diesem Falle die Präposition *an*
mit dem Dativ:
Hel. 801. *gifragn aftar thiu eft an ôðrun daga;*
mit dem Accusativ, wenn das Erstrecken über einen gewissen
Zeitraum gezeichnet werden soll:
Freck. Rolle 358. *thrio an gêr* (dreimal im Jahre).
Hel. 5060. *ward thâr êo-sago an morgan-tid manag ge-*
sammôd (so lange die Morgenzeit währte).
4913. *nu lédiad mi iuwa liudi tô an thiustria naht*
(während es dunkle Nacht ist);
und es entwickelt sich hieraus auch die Bedeutung der un-
gefähren, nicht ganz exacten Zeit, die der Präposition *an* mit

folgendem Accusativ eigen ist und die durch unser gegen, gegen . . hin widergegeben werden kann:

Hel. 5623. *thô ward thâr an middian dag* (gegen Mittag) *mahtig tékan . . giwaraht.*

3623. *sum thâr ôk sîdor quam an thia ellíftun tid.*

3. Substantive, die das Mittel, die Art und Weise ausdrücken, stehen im Instrumental oder Dativ:

Hel. 4875 ff.   *slôg imu tegegnes*
an thëna furiston finnd folmô kraftu,
that thô Malchus ward mâkeas eggiun,
an thea swîdaron half swerdu gimâlôd.

oft auch durch die Präposition *mid* vermittelt, die in dem angegebenen Sinne den Dativ oder den Instrumental regiert:

Hel. 4623. *that môs antfêng endi mid is mûdu anbêt.*
615. *he sie mid wordun fragn.*

Der Instrumental nach der Präposition *mid* findet sich aber auch bisweilen gesetzt, wenn die letztere Begleitung oder Gemeinschaft ausdrückt:

Hel. 778. *thô sie thanan wëldun bêdiu mid thiu barnu.*

4. Als absoluter Casus fungiert nur in kleineren Denkmälern, nicht im Heliand, der Dativ:

Beda 17. *hëlpandemo ûsemo drohtine.*
Straszb. Gl. 116. *mengidamo eia et calca.*

§ 54.

Adjectiv.

1. Nicht nur das attributive, auch das prädicative Adjectiv musz mit seinem Substantiv im Genus, Casus und Numerus übereinstimmen:

Hel. 4403. *gi wârun mi an inwomu hugi mildie.*
1721. *sîdor he ina hluttran wêt.*
3789. *sumun wârun eft sô lêda lêru Kristes.*
2036. *lârea stôdun thâr stên-fatu sëhsi.*
2060. *nu sint thina gesti sade, sint thine druhtingôs drunkane swîdo;*

doch steht zu zwei Subjecten verschiedenen Geschlechts das prädicative Adjectiv im neutr. plur.:

Hel.   87. (Zacharias und Elisabeth) *wârun im barnô lôs.*
152. *that wit sint an unkro siuni gislekit endi an unkun sîdun lat;*

vergl. eine ähnliche Erscheinung am Zahlwort, das in Bezug auf Personen verschiedenen Geschlechts im Neutrum beigesetzt wird:

Hel. 458. *giwitun im thô thiu gôdun twê, Jôsêph endi Maria, bêdiu fon Bethleêm.*

1035. *thiu sin - hiwun twê, Adaman endi Êvan.*

777. *thô sie thanan wëldun, bêdiu mid thiu barnu.*

Das prädicative Adjectiv oder Particip steht bisweilen unflectiert:

Hel. 2054. *that sie wël bliðôd, drunkan drômead.*

4399 Cott. *wârun mi iuwarô gëbô mildi.*

Participia präteriti, die zur Umschreibung der Vergangenheit den Verben *hebbian* haben und *wësan* sein folgen, sind flectiert oder unflectiert; flectiert:

Hel. 3793. *habdun im widersakon gihalôdan te helpu.*

1482. *than habed he an im sëlbon sân sundea gewarhta.*

18. *Matheus endi Markus sô wârun thiu man hêtana.*

unflectiert:

1295. *thêm mannun . . the he te thëru spráku tharod . . gekoran habda.*

4622. *thea tidi sind nu ginâhid.*

2. Dem bestimmten Artikel folgt das attributive Adjectiv in consonantischer Form (§ 38). doch ist gegen dieses Gesetz mehrfach verstoszen. Die vocalische Form steht nach dem Artikel:

Hel. 4603. *thës mahtiges Kristes.*

2308. *thëna léfna lamon.*

2616. *thëna gôdan drohtin.*

5692. *thëna hêlagan dag;*

am Particip:

1186. *thana neriandan Krist.*

5088. *thës libbiendes godes;*

die consonantische steht ohne Artikel:

1785. *fâho folkskepi.*

5659. *hêlagon áthom;*

namentlich in vocativer Verwendung:

4701. *lioƀo drohtin!*

3054. *lioƀon liud-wërôs;*

doch vergl.

261. *idis enstiô ful!*

zu *gôdo* (gut) steht in dem beregten Falle der Artikel:

1590. *hêrro the gôdo!*

1609. *drohtin the gôdo!*

3259. *mêster the gôdo!*

dem prädicativen Adjective kommt nur die vocalische Form zu.

8*

3. Adjective der Fülle, des Mangels; des Gefallens,
Wunsches, Verlangens; der Kentnis, Erinnerung, des Vergessens, u. ähnl., nehmen das von ihnen abhängige Substantiv
im Teilungsgenitiv zu sich:

    Hel. 2918. *sëbo sorgonô ful* (voll).
       734. *sundionô lôs* (frei).
     1722. *sundeonô sikoran* (fern von . .).
     4891. *managan engil*, . . *wiges só wisan* (kundigen).
  Ps. 73, 2. *gehugdic* (eingedenk) *sis sammungun thînrô*.

4. Der Instrumentalis ist am Adjectiv seltener als am
Substantiv. Zu einem Instrumentalis des Substantivs tritt das
Adjectiv in der consonantischen Form des Dativs:

    Hel. 3372. *mid is luttikon fingru.*
     4984. *swërdu thiu skarpon.*
auch in der vocalischen:
    Psalm. Comm. 42. *mid mensscemo bluodo.*

§ 55.

Pronomen.

1. Das persönliche ungeschlechtige Pronomen der 3. pers.
(sein, sich) fehlt im altsächsischen und in der Werdener Mundart, und wird durch das persönliche geschlechtige Pronomen
der 3. pers. (§ 44) mit vertreten. Der Sinn des Satzes
musz lehren, ob das letztere reflexive Bedeutung haben soll
oder nicht:

    Hel. 321. *thu skalt . . wardón irâ* ihrer warten.
     299. *ni wânda thës mid wihti, that iru that wîf*
         habdi giwardôd sich bewahrt hätte.
     317. *hêt sie in a haldan wel*, hiesz sie ihn wol halten.
   2646. *só in a her gihaldid, that he an hëban-riki . .*
         lidan môti wer sich so hält, dasz er . . .
   1838. *he im thô bêđiu bifalh* empfahl ihnen beides.
    531. *giwitun im thô te hûs* begaben sich nach Hause.

2. Possessivpronomina sind nur der vocalischen Declination fähig, auch in dem Falle wenn sie in Verbindung mit
dem Artikel stehen, was im Heliand im ganzen selten ist:

    Hel. 1320. *thës sînes rîkies.*
  4667. *an thëmu mînumu lik-hamon;*
ob daher in der Verbindung 3072 *wid thêm thinun swîdiun
krafte* die Form *thinun* ausnahmsweise der consonantischen

Declination angehört, ist mindestens sehr zweifelhaft, da *thinun* auch für *thinumu* stehen kann, vergl. 263 und *minun* für *minumu* 1104.

3. Das fehlende Relativpronomen wird ersetzt:

a) durch das einfache Demonstrativum (§ 45, 1) in seinen verschiedenen Casibus:

Hel. 3059. *waldandes sunu*, .. *the thit lioht geskóp*.
1481. *that he beginna thërâ girnean, thiu imu gigangen ni skal*.
Ps. 64, 5. *thana thu gecuri (quem elegisti)*.
Hel. 5905. *lag thie funo sundar, mid thëm was that hóbid bihelid*.

b) durch eine Relativpartikel *the*, die aber gewöhnlich nur für den nom. und acc. aller Numeri und Geschlechter steht:

Hel. 2790. *thiu thiorna*, .. *the* (welche) *gio mannes ni warð wís*.
1708. *thana swâron balkon, the* (welchen) *thu an thinoro siuni habas*.
654. *wârun im glawe gumon, the* (welche) *thea gëba lëddun*.
1619. *thërô sundconó the* (welche) *sie wið iu sëlbon hir wrëđa gewirkeut*.

Selten sind Fügungen wie:

Hel. 587. *an thëm sëlbon daga the* (an welchem) *ina sálignu an thësan middilgard módar gidrógi*.

Es tritt dieser Partikel zur gröszeren Deutlichkeit der Beziehungen auch das einfache Demonstrativ in entsprechendem Casus zu:

Hel. 2218. *gisáhun thëna is fëra ëgan*, .. *thëna the ér dóđ fornam*.
5821. *neriandon Krist fan Názarethburg, thëna thie hier quelidun* .. *Judeô-liudi;*

oder das persönliche geschlechtige Pronomen dritter Person:

Hel. 1. *manega wâron, the sia (quos) irô mód gespôn*.
1308. *sálige sind ôk the sie (quos) hër frumonó gilustid*.
1405. *ni skal nêoman lioht the it (quod) habad liudiun dernean*.
Freck. Rolle 120. *tuê suín the irô (quorum) ic-huuëthar si ahto penningó nuërth*.

c) durch die Partikel *sô* in seltenern Fällen:

Hel. 525. *thurftig thioda, sô thës thinges nu mugun mendian;*

auch diese in Verbindung mit einem persönlichen geschlechtigen Pronomen:

Hel. 2095. *quad that hi undar is hiwiskea ênna lêfna lamon lango habdi, .. sô in a* (welchen) *ênig seggeò ni mag handun gehêlian.*

d) Vereinzelt steht das persönl. ungeschlechtige Pronomen der 2. Person relativ:

Hel. Cott. 1603. *(fadar ûsa) thu bist* (der du bist) *an them hôhon himilô rîkea.*

4. Attraction, der Vorgang, dasz das Relativ auch im Casus von dem Worte auf das es zurückweist, angezogen wird, das heiszt in den Casus desselben übertritt, ist nicht unhäufig. Das bezügliche Wort steht hierbei im Genitiv, das Relativum sollte im Accusativ stehen:

Hel. 1627. *alles thës unrëhtes, thës* (für *that*) *gi ôdrun hir gilêstead.*

1105. *alles thëses ôd-wëlon, thës ik thi hebbiu giôgit hir.*

Beichte 5. *sô hwat sô ik thës gidëda thës withar mîneru cristinhêdi wâri.*

Auch eine Verkürzung derart, dasz éine Pronominalform gleichzeitig demonstrativ und relativ steht, kommt vor:

Hel. 293. *sagda thêm* (denen welchen) *siu wëlda.*

4620. *dô that* (das was) *thu duan skalt!*

Beichte 35. *ik gilôfda thës* (an das, an was) *ik gilôvian ne skolda.*

§ 56.

Negation.

Die Negation wird gegeben:

1. durch die Negationspartikel *ni, ne.* Sie findet sich in einfacher Stellung unmittelbar vor dem Verbum finitum:

Hel. 2660. *hôrian ni wëldun is gibôdskepies.*

Beichte 16. *minan fader endi môder sô ne êrôda endi sô ne minniôda sô ik scolda;*

beim Imperativ in prohibitivem Sinne:

Hel. 262. *ne habe thu wêkan hugi, ni forhti thu thinun fërhe.*

Auch steht sie doppelt oder mit andern Negationen verbunden und hebt in diesem Falle die Verneinung schärfer hervor:

Hel. 272. *ne ik gio mannes ni ward wis* noch nie erkannte ich einen Mann.

1513. *nek ênig firihô barnô ne swerea bi is sëlbes hôbde.*

1405. *ni skal nêoman lioht the it habad, liudiun dernean.*

Steht *ne* im Nachsatze nach einem negativen Vordersatze, so hat es auch die Bedeutung *quin,* dasz nicht:

Hel. 2049. *sô ni mahta he bemîdan, ne hi far theru menigi sprak.*

In Bedingungs-Sätzen dienen die Formeln *ne si that . .*, *ni wâri that . .* für unser es sei denn dasz . ., es wäre denn dasz . .:

Hel. 120. *Gabriél bium ik hêtan, the gio for goda standu,*
. . ne si that he mi an is ârundi hwarod sendean willea.

5353. *that thu giwald obar mik hebbian ni mohtis, ne wâri that it thi hêlag god sëlbo fargâbi.*

Vor Substantiven, Adjectiven und zuweilen auch vor ganzen coordinierten Sätzen drückt *ne . . ne* unser weder . . noch aus:

Hel. 85. *ne saka ne sundea.*

1513. *ne swart ne hwit.*

1817. *mannô sô hwilik, sô thësun minun ni wili lêrun hôrian ne thërô lêstian wiht.*

2. die Vorsilbe *un-* fügt sich nur an Substantive, Adjective, Participien und Adverbien, deren Begriff sie negiert. Die so gebildeten Composita zählt das Wörterbuch auf.

3. mit *ne* componiert ist die Partikel *nek,* und nicht, auch nicht, wahrscheinlich aus *ne* und *ôk (ne . . nek* weder . . noch kommt nur einmal vor, Hel. 1853); ferner die Partikel *nên* nein, aus *ni* und *ên,* allgemeinste Negation eines Satzes oder Begriffes ausdrückend und Gegensatz der allgemeinsten Affirmation *jâ;* endlich *nêo, nio,* unser nie, aus *ne* und dem acc. *êo* Zeit, eigentlich also keine Zeit, zu keiner Zeit bedeutend.

Auszer der einfachen Negation *ne* findet sich eine andere,
unserm **nicht** entsprechend, erst in der Entwicklung: *ne wiht*
heiszt zwar meist nicht ein Ding, nichts; aber es steht bereits
mehrere Male der acc. *ne . . wiht* in der adverbialen Geltung
durchaus nicht:

    Hel. 2252. *hiet that sia im wëdares giwin wiht ni an-
         drêdin.*
      4897. *ni skulun ûs bëlgan wiht, wrêdean wid iro
         gewinne.*